DESCRIPTION

DU MUSÉE

DE LA SCULPTURE MODERNE.

DESCRIPTION

DES OUVRAGES

DE LA SCULPTURE FRANÇAISE

DES XVI.ᵉ, XVII.ᵉ ET XVIII.ᵉ SIÈCLES,

EXPOSÉS DANS LES SALLES

DE

LA GALERIE D'ANGOULÊME.

PAR M. LE COMTE DE CLARAC,

CONSERVATEUR DES ANTIQUES DU MUSÉE ROYAL.

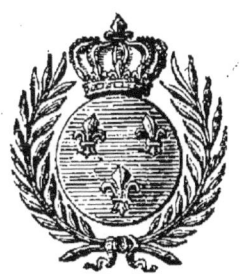 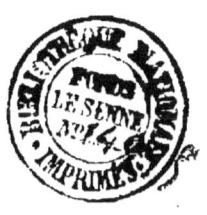

PARIS,

DE L'IMPRIMERIE ROYALE.

1824.

GALERIE
D'ANGOULÊME;
MUSÉE
DE LA SCULPTURE FRANÇAISE
DES XVI.ᵉ, XVII.ᵉ ET XVIII.ᵉ SIÈCLES.

La plupart des sculptures de ces cinq nouvelles salles que la munificence du Roi a ajoutées à son Musée royal, et qu'il vient d'honorer du nom de Galerie d'Angoulême, proviennent du Musée des Petits-Augustins (1), où, ainsi qu'une foule d'autres

---

(1) A l'exception des statues de Michel-Ange et de Canova, auxquelles on ne peut refuser de place nulle part, lorsqu'on est assez heureux pour posséder de leurs ouvrages, toutes les sculptures de ces salles sont de sculpteurs français. Il est juste de rendre ici hommage aux soins et au courage qu'a mis M. Alexandre Le Noir à sauver de la destruction, au prix de plus d'un danger, les monumens qu'il arracha à la barbarie révolutionnaire, et qu'il avait réunis et classés chronologiquement dans le Musée des Petits-Augustins : c'est un grand service qu'il rendit aux arts à une époque difficile. Les différens ouvrages qu'a publiés M. Le Noir sur le musée des Petits-Augustins, renferment beaucoup de détails curieux sur la plupart de ces monumens. Ils sont utiles à consulter, sur ce qui a rapport à la sculpture *moderne*; et j'y ai puisé, sur le matériel et sur les provenances de ces sculptures, une partie des renseignemens que l'on trouvera dans cette notice, et que donnent en détail Sauval, Félibien, Piganiol de la Force, &c.

monumens qui ont été rendus aux lieux d'où ils avaient été enlevés, ces restes précieux de la sculpture française avaient trouvé un asile contre la fureur destructive des temps orageux de la révolution. On a donné aux différentes salles, qui malheureusement n'ont pas pu être disposées dans un ordre chronologique, les noms des grands sculpteurs français qui ont fait renaître dans leur patrie le goût de la bonne sculpture, l'ont illustrée par leurs talens, et embellie par les nombreux monumens qu'ils y ont élevés. Ces chefs de l'école française sont JEAN COUSIN, JEAN GOUJON, FRANCHEVILLE, GERMAIN PILON, LE PUGET. Autour de ces habiles maîtres viennent se grouper un grand nombre d'autres sculpteurs sortis de leurs écoles, dont ils soutinrent l'honneur, et qui contribuèrent à l'éclat dont les arts firent briller les règnes de François I.er, de Henri II et de Louis XIV.

SALLE DE JEAN COUSIN.

1. VÉNUS AU BAIN, par ALLEGRAIN, né en 1710, mort en 1795. — *Marbre blanc.*

Haut. 1,722m — 5 p. 3. po. 8 l.

La coiffure, formée de tresses ornées de perles, et retenue dans un réseau, peut faire croire que le sculpteur, qui, comme tous ceux de cette époque, était loin de suivre les idées des anciens, a voulu représenter une Vénus qui s'essuie au moment de sortir du bain. Cette figure, dont la pose est maniérée et forcée, offre dans le détail des parties assez bien traitées, et qui ne manquent ni de vérité ni de grâce.

2. Le BAS-RELIEF en marbre encastré dans le piédestal représente la Force sous l'emblème d'un lion qui dévore un sanglier. Il provient du monument de Henri de Longueville, par Anguier, dont il sera parlé plus au long dans un autre endroit.

Haut. 0,486m — 1 p. 6 po.; larg. 0,372m — 1 p. 1 po. 9 l.

3. CHARLES MEIGNÉ, capitaine des gardes de la porte de Henri II. — *Statue en pierre*, par PONCE JACQUIO.

Haut. 1,450m — 4 p. 5 po. 3 l.

Cette statue surmontait le tombeau que Martine Meigné fit élever à son mari, en 1556, par Ponce Jacquio, que l'on a confondu d'autant plus mal à propos avec Paul Ponce, que celui-ci mourut avant Charles Meigné. Nous verrons dans ce musée une autre statue faussement attribuée à Paul Ponce, et qui est aussi de Ponce Jacquio, qui, d'après les dessins du Primatice, exécuta la colonne en marbre blanc, ornée de bronze, érigée à la mémoire de François II, et placée autrefois aux Célestins, ainsi que le tombeau de Charles Meigné. La tête appuyée sur sa main gauche, cette figure est dans l'attitude du sommeil, dont l'expression est bien rendue. Cette manière de représenter la mort, le sommeil éternel, par des personnages endormis, est très-familière aux anciens; elle adoucissait l'image de la mort. La tête, qui a de grands rapports avec celle de Henri IV, la barbe, les cheveux, l'oreille et la main droite de cette statue sont d'une grande vérité, bien étudiés, et d'une bonne exécution, ainsi que tous les détails et les ornemens de l'armure, où l'on n'a rien omis.

L'aigle double sculptée sur la pierre qui sert de support à cette figure, faisait probablement partie des armes de Charles Meigné, et la chaîne qu'il porte au cou, indique sans doute qu'il était de quelque ordre de chevalerie, peut-être de celui de Saint-Michel, fondé par Louis XI, en 1469.

4. BATAILLE D'IVRY. — *Bas-relief en marbre blanc*, par FRANCHEVILLE.

Haut. 0,478^m — 1 p. 5 po. 9 l.; larg. 0,654^m — 2 p. 8 l.

Henri IV, armé de toutes pièces, montant un cheval caparaçonné, charge des troupes qu'il terrasse; dans le lointain on voit le peuple venir au-devant de lui et célébrer sa victoire; au haut de la composition, Jupiter, sur son aigle, tient à la main droite son foudre, et de la gauche une couronne qu'il va poser sur la tête du vainqueur. Ce bas-relief, d'une grande finesse de travail, offre de jolis détails.

5. ESCLAVE. — *Statue en marbre*, par MICHEL-ANGE.

Haut. 2,096^m — 6 p. 5 po. 6 l.

Les mains liées derrière le dos, entièrement nu, à l'exception du milieu du corps, qu'une ceinture ne couvre qu'en partie, cet esclave, ou ce prisonnier, dont la pose et les proportions sont d'un caractère peu relevé, est dans une attitude forcée et très-pénible, rendue avec une effrayante énergie et une admirable vérité. La courroie qui lui serre les bras, comprime avec force sa vaste poitrine; elle se soulève avec effort; il lutte contre la douleur et semble se consumer en efforts impuissans contre son oppresseur. Cette figure rappelle celles du Jugement dernier et les belles statues que l'on voit à Florence dans la chapelle des Médicis : on y retrouve le même style, et toute la puissance du génie mâle et vigoureux de Michel-Ange.

6. GÉNIE versant de l'eau dans un vase. — *Bas-relief en marbre.*

Anguier, dans ce bas-relief qui faisait partie du monument de Longueville, a voulu représenter l'Abondance.

Haut. 0,486^m — 1 p. 6 po.; larg. 0,372^m — 1 p. 1 po. 9 l.

7. ESCLAVE. — *Statue en marbre,* par MICHEL-ANGE.

Haut. 2,213^m — 6 p. 9 po. 10 l.

Il est difficile de considérer cette statue sans se sentir touché de compassion. La tête de ce prisonnier, comparable à ce que l'antique nous offre de plus parfait, est d'une grande vérité d'expression; accablé des souffrances du corps et des tourmens de l'esprit, ce beau jeune homme la laisse tomber sur son épaule, et l'on croirait qu'il cherche dans un instant de sommeil quelque relâche à ses maux. Toute cette figure, d'un dessin noble et soutenu, offre les mêmes beautés de détails que le n.° 5, et toutes les grandes qualités, la vigueur de Michel-Ange : mais elle parle plus à l'âme; sa douleur paraît plus morale que physique; sa pose, plus noble, présente un plus beau développement dans toutes ses parties. De quelque côté qu'on la regarde, la tête est empreinte d'un sentiment admirable de dignité, de courage et de résignation. Si ce sont deux esclaves ou deux prisonniers, certainement celui-ci, avant que le sort l'eût réduit à cet état, était le maître ou le chef de son compagnon d'infortune, qui n'offre que le caractère d'un esclave : la main même, par sa délicatesse, indique une position plus élevée dans la société que celle de l'autre prisonnier, et décèle une vie plus recherchée; Michel-Ange l'a traitée avec un grand soin. Les pieds et quelques parties de cette statue n'ont pas été terminés. Je ne saurais dire ce que pouvait exprimer cette figure de singe ébauchée, qui tient au tronc de l'arbre servant d'appui au prisonnier. Quoique à peine dégrossie, elle est pleine de caractère. Peut-être est-ce un jeu de Michel-Ange, ou peut-être a-t-il voulu, sous cet emblème, exprimer le génie du mal.

Ces deux prisonniers, différens de nature et de caractère, offrent à l'étude des artistes de beaux modèles de force et de cette expression qui convient à la sculpture, et l'on y admire cette science profonde de l'anatomie que Michel-Ange faisait briller dans tous ses ouvrages. Les attitudes, quoique peut-être un peu forcées, sont saisies avec tant de justesse; le jeu des muscles est si bien étudié et si vrai, la chair si bien rendue sans détails superflus, que ces figures font l'effet d'avoir été moulées sur la nature. Elles sont d'autant plus précieuses, que hors de l'Italie les statues de Michel-Ange sont très-rares; et où pouvaient-elles être mieux placées que dans le Musée français ? Ce grand maître s'y trouve, pour ainsi dire, au milieu ou à la tête de ses élèves; car c'est à ses leçons, à ses modèles ou à ses principes, que la France doit ses plus grands sculpteurs, les Jean Cousin, les Jean Goujon, et plusieurs autres dont nous parlerons. Ils furent ses contemporains, et, animés par l'influence qu'il exerça sur son siècle, ils reçurent et communiquèrent l'élan qu'il donna à la sculpture.

Ces deux belles statues, dont Robert Strozzi avait fait présent à François I.er, furent données par ce prince au connétable Anne de Montmorenci, qui en orna son château d'Écouen, d'où, après la mort de Henri de Montmorenci, son fils, elles furent enlevées par le cardinal de Richelieu, qui les transporta dans son château; elles passèrent de là dans les jardins du maréchal de Richelieu, à Paris. Pendant la révolution, délaissées et méconnues, elles étaient sur le point d'être vendues à des marchands : M. Le Noir l'apprit et les sauva.

8. GÉNIE DE LA JUSTICE. — *Bas-relief en marbre*, par ANGUIER.

Sous l'emblème d'un enfant qui tient une balance et une épée, Anguier a représenté la Justice. Ce bas-relief faisait partie du monument de Longueville.

Haut. 0,486ᵐ — 1 p. 6 po.; larg. 0,372ᵐ — 1 p. 1 po. 9 l.

9. PHILIPPE DE CHABOT, amiral de France, mort en 1543. — *Statue en albâtre de Lagny*, par JEAN COUSIN.

Long. 1,577ᵐ — 4 p. 10 p. 4 l.

Vêtu de sa cotte d'armes, qui recouvre son armure et sur laquelle sont brodées ses armoiries, ayant au cou le cordon de Saint-Michel et tenant à la main son sifflet en signe de commandement, l'amiral est couché, appuyé sur son casque, et semble se reposer, par un doux sommeil, de ses longues fatigues; son casque dont il a déchargé sa tête, et ses gantelets qui sont près de lui et n'arment plus ses terribles mains, prouvent qu'il n'est pas mort au milieu des combats, ce que l'on indique, sur les monumens de cette époque, par le casque en tête, les mains couvertes de leurs gantelets et armées de l'épée. Cette statue, suivant Piganiol de la Force, a été attribuée à Paul Ponce; mais il paraît positif que c'est l'un des beaux ouvrages de Jean Cousin, et, par la fierté de sa pose et la hardiesse de l'exécution, elle est digne du ciseau de Michel-Ange, dont elle rappelle le style. Malgré l'armure, le corps a beaucoup de souplesse; la tête, pleine de force et de caractère, est d'un bon travail; on y retrouve un peu du style des têtes antiques d'Hercule, et la manière simple et large dont cette figure est drapée, a beaucoup de rapport avec celle de la belle statue connue sous le nom de Phocion. Une partie des armoiries dont est blasonnée la cotte d'armes, est parlante. Le petit poisson à grosse tête plate se nomme *chabot* dans le Poitou, à ce que nous apprend Millin, dans ses *Antiquités nationales*, liv. 1, pag. 55. Les chevaliers déployaient un tel luxe dans leurs cottes d'armes, qu'on fut obligé de le restreindre : elles étaient souvent de drap d'or ou d'argent, relevé de broderies en bosse et d'armoiries, et ornées de pierres précieuses et de perles; il y en avait aussi faites de petits anneaux ou mailles d'acier, quelquefois entremêlées d'or, et qui étaient plus propres au combat. Il est facile de reconnaître dans la forme de la cotte d'armes celle du *sagum* des anciens Gaulois, celle de la saie et du sayon des anciens chevaliers, dont les blouses peuvent donner une parfaite idée. Le monument de Philippe de Chabot lui fut élevé, aux Célestins, par Léonor de Chabot, son fils. Philippe, fils de Jacques de Chabot et de Madeleine de Luxembourg, était très-aimé de François I.er, à qui il rendit de grands services par ses talens militaires et par sa valeur : il fut fait prisonnier avec lui à Pavie, en 1525. Il était sur le point de faire la conquête du Piémont, lorsque les intrigues du connétable Anne de Montmorenci et du cardinal de Lorraine l'arrêtèrent au milieu de ses succès. Ils parvinrent même à le faire condamner, comme concussionnaire, à une forte amende qu'il ne fut pas en état de payer, et pour laquelle on le fit languir deux ans en prison. Cependant François I.er l'en fit sortir et lui rendit ses emplois. Après sa mort, son procès fut revu, l'arrêt qui le condamnait cassé, et son innocence pleinement reconnue. Parmi les belles peintures en émail de Limoges qui ornaient le tombeau de François I.er, aux Petits-Augustins, on en voyait une de Léonard de Limoges, d'après les dessins de Jannet, peintre célèbre du temps de Henri II, qui représentait Philippe de Chabot en S. Paul. Il fallait qu'il eût une affection particulière pour ce saint, car Jean Cousin l'avait placé, avec Melchisédech, sous son tombeau; ils soutenaient une petite figure de femme qui représentait la Fortune.

10. Le BAS-RELIEF du piédestal offre un des ancêtres de Philippe de Chabot et sa femme. La composition et l'exécution ne manquent pas de mérite; la pose des personnages est bonne, et, par son abandon, convient bien au sommeil dans lequel ils sont plongés.

Long. 1,350^m — 4 p. 1 po. 7 l.

Dans les petits côtés du socle, on a encastré des couronnes sculptées par Anguier.

JEAN COUSIN, selon les uns, naquit l'an 1462, à Soucy, près Sens; selon d'autres, on ne sait pas l'année de sa naissance, et celle de sa mort est placée, tantôt en 1550, tantôt en 1589. Cette dernière date paraît la plus juste; et en effet, le monument de Charles-Quint, mort en 1558, le mausolée de Diane de Poitiers, morte en 1567, deux ouvrages exécutés par Jean Cousin, ne permettent pas de rapporter à l'an 1550 l'époque de sa mort. Doué d'un vaste génie, pour toutes les parties des beaux-arts, ce grand homme fut un des premiers, sous l'influence de François I.er, à les relever en France, et à leur donner cet essor qui les porta à un si haut degré. Dans sa longue carrière, que l'on peut comparer à celle de Michel-Ange, il put, comme lui, diriger long-temps par ses conseils et ses exemples l'école française, dont on peut le regarder comme le fondateur. On sait très-peu de choses de sa vie; mais il est à croire qu'il voyagea en Italie et qu'il y profita des leçons de Michel-Ange. Il se pénétra si bien de son style et de sa manière, qu'au premier coup-d'œil ses ouvrages, soit en peinture, soit en sculpture, paraissent être sortis de la main de ce grand maître; et l'on doit se féliciter d'avoir pu réunir dans la même salle le maître et l'élève, chefs tous deux, l'un de l'école de sculpture de France, l'autre de celle d'Italie.

Grand sculpteur, peintre habile, savant anatomiste, Jean Cousin fut aussi l'un de nos meilleurs peintres sur verre, et, ne dédaignant aucune partie des arts, il fit de charmantes sculptures en ivoire. Au reste, on sait que les artistes de cette époque féconde en talens ne négligeaient aucune branche des arts : Albert Durer, Michel-Ange, Jean de Bologne, exécutèrent en bois et en ivoire les ouvrages les plus soignés, les mieux étudiés et les plus délicats. Parmi les plus beaux morceaux qui nous restent de Jean Cousin, on doit citer, en peinture, son Jugement dernier, que l'on voit au Musée royal ; composition comparable, pour l'énergie et la fierté du dessin, à celles de Michel-Ange ; les peintures sur verre qu'il fit pour Anet, Vincennes, Sens, sont mises au premier rang. Quant à ses travaux en sculpture, outre la statue de Philippe de Chabot, les plus remarquables sont celles qu'il fit pour le tombeau de Diane de Poitiers ; le beau monument qu'elle fit élever à son époux, Louis de Brézé, à Rouen, et le monument de Charles-Quint, en bronze. Il fut aussi chargé des arabesques et des vitraux du château d'Anet. Son S. Sébastien en ivoire, de quinze pouces de haut, que l'on voyait aux Petits-Augustins, est d'une grande beauté. Jean Cousin a laissé, sur l'anatomie et sur les proportions du corps humain, des ouvrages qui sont encore estimés. Il n'est point parlé de cet habile sculpteur dans l'ouvrage de d'Argenville intitulé *Vies des fameux sculpteurs depuis la renaissance des arts, &c.* Paris, 1787.

11. DIANE AU BAIN, par ALLEGRAIN. — *Marbre.*

Haut. 1,650^m — 5 p. 1 po.

La déesse, entièrement nue, le corps penché en avant, paraît effrayée de quelque bruit qui alarme sa pudeur. Le sculpteur a probablement choisi le moment où elle s'aperçoit que le téméraire Actéon a violé le mystère de sa retraite. L'attitude est un peu tourmentée, mais il y a des parties traitées avec souplesse et assez bien modelées. Cette statue et celle du n.º 1, placées autrefois à Luciennes, ont eu dans leur temps beaucoup de célébrité, de même que le Narcisse du même sculpteur ; elles n'ont cependant été placées dans cette salle que faute d'en avoir de plus anciennes, et qui eussent été plus en harmonie avec celles de Michel-Ange et de Jean Cousin.

ALLEGRAIN, né à Paris en 1710, mort en 1795, avait une bonne exécution; il eût eu du talent et aurait produit de bons ouvrages, s'il fût né à une époque où le goût eût été meilleur et les études plus sévères.

12. JANUS. — *Marbre.*

Ce petit bas-relief, dans lequel Anguier a représenté la Prudence sous l'emblème de Janus, faisait partie du monument de Henri de Longueville.

Haut. 0,486^m — 1 p. 6 po.; larg. 0,372^m — 1 p. 1 po. 9 l.

SALLE DE JEAN GOUJON.

Les huit colonnes qui décorent cette salle, sont d'une espèce de brèche violette pâle; elles sont surmontées de bustes antiques, ou d'après l'antique, dont la plupart offrent des têtes inconnues. Le pavé est remarquable par la beauté de ses marbres. C'était dans cette belle salle que se tenaient autrefois les séances de l'académie française, et l'on y remarquera le buste du cardinal de Richelieu, qui en fut le fondateur.

13. DIANE DE POITIERS, sous la figure de Diane. — *Groupe en marbre*, par JEAN GOUJON.

Haut. 1,501^m — 4 p. 7 po. 6 l.; long. 2,494^m — 7 p. 8 po. 3 l.

On doit ce beau morceau à Jean Goujon, l'honneur de l'école française, et qui en eût fait à toutes les écoles; l'un des plus habiles, des plus féconds et des plus gracieux sculpteurs des temps modernes, et qui, par son style plein de charme et qui lui est propre, peut soutenir la comparaison avec les chefs-d'œuvre des anciens. Sous les traits de Diane, l'artiste a représenté la belle duchesse de Valentinois, objet des hommages et de l'amour de Henri II. Couchée sur le gazon, au bord d'une fontaine; mollement appuyée sur son cerf favori, et ayant auprès d'elle ses armes et ses chiens, la déesse se repose des fatigues de la chasse. Quittant les montagnes et les forêts, peut-être s'est-elle arrêtée sous les ombrages frais de la fontaine Gargaphie. Elle a déposé son carquois et sa tunique légère, et va rafraîchir ses membres divins dans le cristal des eaux de cette source merveilleuse; encore quelques instans peut-être, et, découverte par Actéon, elle le punira de sa téméraire curiosité. On serait étonné de voir représentée nue la chaste déesse de la chasse, si un bas-relief antique du Musée royal, n.° 315, ne nous l'offrait pas ainsi se baignant dans la fontaine Gargaphie et surprise par Actéon. Cette belle statue, par sa coiffure, qui est celle du temps de Henri II; par l'ensemble de son dessin, de son style et de ses accessoires, diffère entièrement du caractère des productions antiques; mais elle a une grâce particulière et qui n'appartient qu'à Jean Goujon. Tous les points de vue pour la considérer ne sont pas également bons, et la manière dont les jambes sont posées produit un mauvais effet lorsqu'on les regarde par derrière ou du côté droit. Le bois du cerf et l'arc, que l'on a dorés, ne sont pas seulement dans le goût de l'époque de cette statue; les ouvrages de l'antiquité en offrent un grand nombre d'exemples. Parmi les ornemens de la base, en forme de vaisseau, qui sert de support à toute cette composition, on retrouve les enlacemens et les chiffres de Henri II et de Diane, que le roi faisait sculpter, en l'honneur de la personne qu'il aimait, sur le Louvre et sur tous les monumens qu'il élevait.

ainsi que sur les meubles dont il décorait ses palais. La cour et la ville suivirent son exemple, et ces chiffres amoureux entrèrent dans tous les ornemens du château d'Écouen et des églises de Magny, de Gisors, de Nogent-sur-Seine. Il y avait autrefois des lévriers de bronze au-dessous des deux petits côtés du vaisseau. L'ouvrage sur les châteaux royaux de France, par Androuet du Cerceau, offre l'ensemble de cette composition.

Les artistes les plus habiles du temps de François I.er et de Henri II célébrèrent et retracèrent à l'envi la beauté de Diane de Poitiers, qui cependant, plus âgée de vingt-huit ans que Henri II, en avait quarante-sept lorsqu'il s'enflamma pour elle, et soixante lors de la mort de ce prince. Aussi la trouve-t-on représentée avec ses emblèmes, l'arc, la flèche et le croissant, dans les sculptures de Jean Goujon, de Germain Pilon, dans les peintures du Primatice, sur les vitraux de Jean Cousin et sur les émaux de Léonard de Limoges. Passionnée pour les arts, elle les protégeait et par son crédit et par ses richesses. On lui devait le beau château d'Anet, bâti sur les bords de l'Eure avec tout le luxe et l'élégance de l'architecture, habité depuis par le duc de Vendôme, la duchesse du Maine, et qui inspira des vers charmans à Voltaire et à Florian. Après bien des vicissitudes, et après avoir servi de forteresse, ce château, fondé en 1169, fut donné, en 1444, par Charles VII, à Pierre de Brézé, pour avoir chassé les Anglais de la Normandie. Diane confia la construction de ce nouvel édifice à Philibert de Lorme, à Jean Goujon et à Jean Cousin, qui y déployèrent tout ce que leur talent pouvait produire de plus gracieux; il n'en reste plus que quelques ruines, et des fragmens assez considérables des façades, conservés au musée des Petits-Augustins.

Après la mort de Henri II, en 1559, Diane de Poitiers

se retira à Anet, dont les habitans furent comblés de ses bienfaits, et où on lui éleva un superbe tombeau, qui exista jusqu'aux premières années de la révolution. Elle en avait consacré un très-beau, à Rouen, à la mémoire de son époux, Louis de Brézé, mort en 1531. Ce monument fut exécuté par Jean Cousin.

La fatalité qui souvent s'attache à l'origine des grands hommes et l'enveloppe de ténèbres, n'a pas épargné JEAN GOUJON ; on ignore le lieu, l'année de sa naissance, et les circonstances de sa vie, excepté sa liaison avec Philibert de Lorme et Germain Pilon. On ne le connaît que par ses ouvrages et par sa mort : il fut tué le jour de la Saint-Barthélemi, d'un coup d'arquebuse, tandis qu'il travaillait à l'une des belles figures des petits frontons de la cour du Louvre. Cependant ce point, qui passe pour constant, pourrait être contesté, s'il est vrai, comme le dit Brice, que les figures des frontons soient de Paul Ponce : mais il y en a d'autres dans cet attique qui peuvent être de Jean Goujon. D'Argenville, dont l'article sur ce grand homme est peu satisfaisant, dit qu'il fut tué à la fontaine des Innocens, dont il retouchait les sculptures. D'après les ouvrages qu'a laissés Jean Goujon et les monumens auxquels il a travaillé, entre autres le château d'Anet, qu'il commença vers 1548, avec Philibert de Lorme, il paraît que sa vie comme artiste dut être assez longue, et il était déjà au plus haut point de son talent lorsqu'on lui confia les sculptures d'Anet. On ne s'éloignerait peut-être pas trop de la vérité en supposant qu'il naquit vers 1500. Il est fort à présumer que Jean Goujon, ainsi que plusieurs des artistes français de cette époque, voyagea en Italie, où les attirait la renommée de l'école de Michel-Ange, qui brillait alors de tout son éclat. Il fut probablement un de ceux à qui François I.er confia le soin d'acheter cette grande quantité de superbes statues antiques dont il enrichit la France.

Le style de Jean Goujon tient beaucoup plus de celui de l'école florentine que de tout autre, et l'on voit qu'il en a plus étudié le caractère que celui de la sculpture antique ; on retrouve dans ses productions les mêmes principes et le même goût de dessin que dans les peintures du Primatice, de Vasari et du Bronzino. Mais, loin d'être servile imitateur, Jean Goujon, en combinant avec génie le style antique avec celui de l'école florentine, sut en créer un qui lui est propre : la grâce de ses figures de femmes est remplie de charmes, de dignité et de grandeur; varié dans ses poses et dans ses mouvemens, il leur donne toujours une souplesse et une élégance que ne leur font pas perdre quelques incorrections de dessin, et que peuvent lui envier les plus grands sculpteurs des écoles d'Italie. Il parait que le caractère de Jean Goujon le portait de préférence vers les compositions et les formes gracieuses : aussi ses figures de femmes sont-elles, en général, supérieures à celles d'hommes. Quoique ce soit dans les draperies que ce grand maître s'éloigne le plus du style des anciens, et que souvent elles soient disposées d'une manière plus propre à la peinture qu'à la sculpture, cependant il sait toujours les ajuster avec grâce : leur jet est heureux et accompagne bien les contours de ses figures. Enfin, ce grand sculpteur, que la France peut opposer avec confiance et avec orgueil à tout ce que l'Italie a produit de plus habile, fut l'un des fondateurs de l'école française; il lui sert encore de modèle : heureuse, si, en se rapprochant de l'antique et de sa sévérité, elle n'eût jamais perdu de vue les principes de Jean Goujon, sa grâce naturelle et sa brillante exécution.

Parmi les nombreux chefs-d'œuvre de Jean Goujon, on cite les sculptures de la fontaine des Innocens, dont il fit deux côtés; les autres, lors de la restauration de ce beau monument, ont été exécutés par M. Pajou. Cette fontaine, fondée sous François I.er, fut terminée, en 1550, par Pierre Lescot, comme architecte, et par Jean Goujon. Lorsque, en 1781, on détruisit, pour en faire un marché, le cimetière où elle était placée à l'angle d'une rue, ce fut par le conseil de M. Quatremère de Quincy que cette belle fontaine fut conservée et transportée à l'endroit où on la voit aujourd'hui. Une partie des sculptures, et entre autres celles des œils de bœuf du vieux Louvre, les belles cariatides et d'autres figures de la salle de ce nom au

Musée royal, beaucoup de bas-reliefs répandus dans Paris, sont de Jean Goujon. On voit encore des sculptures de lui à l'hôtel de Carnavalet, rue Culture-Sainte-Catherine. Il serait trop long d'énumérer ses autres ouvrages ; mais il est bien à desirer que quelque habile dessinateur recueille tout ce qui nous reste de ce grand maître, et en fasse un ouvrage complet : ce serait un monument qu'il éleverait à la gloire de la France, à celle de Jean Goujon, et qui lui donnerait à lui-même des titres à en obtenir un jour.

14. HENRI II couronné de laurier. — *Buste en albâtre de Lagny*, par GERMAIN PILON.

Haut. 0,614^m — 1 p. 10 po. 9. l.

Ce beau buste, par Germain Pilon, dont nous parlerons plus bas, offre un grand caractère de vérité : il est fâcheux que, rongé par le temps, il ait perdu la vivacité de son travail ; mais on voit cependant qu'il était d'une très-bonne exécution. La tête, ainsi que plusieurs autres que nous verrons, a été encastrée dans un buste d'un albâtre différent. L'armure est d'une grande richesse de travail ; mais elle paraît d'une autre main que la tête.

Les arts fleurirent sous Henri II. François Ier lui avait laissé, comme un bel héritage, tous les grands artistes qui avaient illustré son règne : il acheva les monumens que son père avait commencés, et en éleva d'autres. Animés par sa protection et ses largesses, les Jean Cousin, les Jean Goujon, les Lescot, les Germain Pilon, les Philibert de Lorme, les Primatice, produisirent de nouveaux chefs-d'œuvre ; le Louvre, Anet, et d'autres édifices, sortirent de leurs mains brillans de beauté et ornés de tout ce que la sculpture et l'architecture peuvent créer de merveilles ; et ces artistes, qui avaient embelli le règne de Henri II, lui érigèrent après sa mort un magnifique monument.

15. AMOUR ou GÉNIE. — *Bas-relief en marbre.*

Larg. 0,320^m — 11 po. 10 l. ; haut. 0,260^m — 9 po. 7 l.

A demi couché, et le bras gauche appuyé sur un casque, cet amour tient à la main droite une couronne et deux sceptres surmontés d'une fleur de lis ; l'H qui est près de lui, et le style de la sculpture, indiquent que ce petit bas-relief et les trois autres qui offrent la même idée, faisaient partie de quelque monument du temps de Henri II.

16. LE CARDINAL MAZARIN. — *Buste en marbre,* par Coyzevox, né à Lyon en 1640, mort en 1720.

Haut. 0,594^m — 1 p. 10 p.

Cette tête, l'un des bons ouvrages de Coyzevox, est bien modelée ; la bouche et les yeux sont remplis de cette expression fine et animée qui convient au caractère de Mazarin.

Coyzevox fut élève de Lérambert, né en 1614, académicien en 1663, et qui, selon Piganiol de la Force, fut employé aux sculptures des appartemens du Palais-Royal et des Tuileries ; il travailla aussi pour Versailles et pour Blois. Après avoir voyagé et travaillé pour le cardinal de Furstemberg, dans son château de Saverne, à son retour à Paris Coyzevox fit, en bronze, pour l'hôtel de ville, la statue en pied de Louis XIV, et, pour les états de Bretagne, en 1685, la statue équestre du même monarque. On le regarde avec raison comme l'un des meilleurs sculpteurs du règne de Louis XIV ; il n'est pas toujours très-correct, mais souvent il rachète en partie ce défaut par l'expression et la vie qu'il sait donner à ses figures. On met au nombre de ses plus beaux ouvrages le mausolée de Henri de Lorraine, comte d'Harcourt, qui était à l'abbaye de Royaumont ; celui de Colbert, à Saint-Eustache ; le monument du cardinal Mazarin, aux Quatre-Nations, composé de plusieurs grandes figures, et celui qu'il éleva à Le Brun. Quelques-unes des meilleures statues du jardin des Tuileries sont dues au ciseau de Coyzevox, entre autres, le Flûteur, la Flore, l'Hamadryade, qui sont sur la terrasse devant le château; la Renommée et le Mercure à cheval du pont-tournant, groupes d'un grand effet, et qui, dans le détail, offrent de très-belles parties : ces deux morceaux étaient autrefois à Marly; ils furent faits en 1701, en deux années et quelques mois. On voit aussi à Versailles beaucoup de statues, de bas-reliefs et de vases de cet habile maître; mais il y en a eu beaucoup de détruits. Reçu à l'académie en 1676, il en devint chancelier perpétuel. Il a laissé un grand nombre d'ouvrages dont on peut voir le détail dans d'Argenville, qui fait remarquer qu'aucun sculpteur n'a rendu avec plus de succès et de légèreté les lourdes perruques du temps de Louis XIV. On cite parmi ses élèves les Coustou, Jean Thierry, sculpteur de Philippe V, et Jean Coudray.

17. GÉNIE DE L'ÉTUDE. — *Statue en marbre de Carrare.*
Haut. 0,940^m — 2 p. 9 po. 10 l.

Assis sur un rocher, et dans l'attitude de la méditation, ce génie écrit sur des tablettes. La pose naïve rappelle un peu, dans son ensemble, celle du petit Tireur d'épines; la tête est d'une jolie expression, mais les formes du bas du corps sont lourdes et un peu communes; le travail des cheveux, remarquable, tient à la manière de la renaissance de la sculpture. On n'est pas d'accord sur l'auteur de cette charmante statue : les uns l'attribuent à Perrin de Vinci, neveu et élève de Léonard; d'autres la donnent à Nicolo, ou *messer Nicolo del Abbate*, sculpteur de talent que Henri II attira en France en 1552, où il finit ses jours. Il paraît que cette statue avait été destinée au mausolée du connétable de Bourbon, qui ne fut pas exécuté, et elle resta à Saint-Denis, où elle avait été déposée.

18. BOILEAU-DESPRÉAUX. — *Buste en marbre,*
par GIRARDON, né à Troyes, en 1630, de Nicolas

Girardon, fondeur; mort en 1715, le même jour que Louis XIV.

Haut. 0,724^m — 2 p. 2 po. 9 l.

Cette belle tête est remplie d'expression, et le sourire a ce piquant et ce mordant qui devaient caractériser celui du premier de nos auteurs satiriques. Quelque ingrat que soit à rendre en sculpture ce genre de coiffure, l'artiste a su en tirer parti en habile homme; elle est bien jetée et largement traitée.

Girardon, dès sa plus tendre jeunesse, annonça de grandes dispositions pour la sculpture. Son père, ayant inutilement essayé d'en faire un procureur, le mit ensuite en apprentissage chez un menuisier sculpteur, nommé Baudesson, en le priant de le dégoûter du dessin et de la sculpture. Malgré tous ces obstacles, Girardon fit de grands progrès; et se trouvant à Troyes, l'une des villes de France où la sculpture a été le plus tôt en honneur et où elle a été cultivée avec le plus de succès, il étudia les sculptures des bons maîtres du seizième siècle qui y sont répandues, entre autres celles de Gentil de Troyes et de Dominique de Florence, élèves de maître Roux et du Primatice. Protégé ensuite par le chancelier Séguier, Girardon alla à Rome, voyagea avec fruit, et à son retour il travailla chez les Anguier. Il avait du talent, et en eût développé sans doute davantage, si, se fiant plus à lui-même, et courant moins après la fortune et les faveurs, il ne se fût pas tant attaché à la manière de dessiner de Le Brun, qui devint son unique guide, dont il recherchait la protection par tous les moyens, et qui lui donnait, non-seulement les sujets de ses compositions, mais même les dessins d'après lesquels il devait les exécuter. Aussi, souvent, peut-on reprocher à ses draperies d'être lourdes, et à ses figures de manquer d'élégance dans leurs formes et de fermeté dans leur exécution. Girardon modelait avec facilité et esprit; mais il était moins heureux dans le travail du marbre. Il donnait cependant beaucoup d'expression à ses têtes, ce que l'on peut voir dans le mausolée du cardinal de Richelieu, placé à la Sorbonne, et qui passait, avec raison, pour le plus bel ouvrage de Girardon, qui n'y était que pour l'exécution, car la composition était de Le Brun. Versailles, Trianon, sont remplis de statues et de bas-reliefs de ce maître, et l'on y remarque quatre statues des Bains d'Apollon, l'Enlèvement de Proserpine, une figure de l'Hiver et plusieurs autres. La statue équestre de Louis XIV sur la place Vendôme était de Girardon ; elle avait vingt-un pieds de haut, et, selon d'Argenville, c'était la première qui eût été fondue d'un seul jet. Girardon avait d'abord fait, pour la même place, une autre statue qu'on trouva trop petite ; elle fut donnée au maréchal de Boufflers, qui, avec la permission de Louis XIV, en fit présent à la ville de Beauvais ; les écoliers vinrent la chercher à une lieue et demie de la ville, et la traînèrent en triomphe, ainsi que nous avons vu faire à Paris pour la statue de Henri IV. Parmi les productions de Girardon, l'on citait les mausolées de la princesse de Conti à Saint-André des Arcs, du marquis de Louvois aux Capucines, et de madame de Lamoignon à Saint-Leu. Il fit aussi plusieurs beaux ouvrages pour la ville de Troyes.

Nommé à l'académie en 1657, il en fut chancelier en 1695 ; et après la mort de Le Brun, lui ayant succédé dans la direction générale de tous les ouvrages de sculpture, comme son prédécesseur il exerça sur les artistes un pouvoir trop étendu, qui contraignit leurs talens et fit grand tort aux arts. Girardon eut une nombreuse école, dans laquelle on distingue le Lorrain, Granier, Frémin, Jean Joly de Troyes, Nourrisson et Charpentier.

19. **AMOUR ET PSYCHÉ.** — *Groupe en marbre de Carrare*, par CANOVA.

Haut. 1,431^m — 4 p. 5 po. 8 l.

Psyché, parée des grâces naïves de la première jeunesse, la tête légèrement penchée, pose avec précaution, de ses doigts délicats, un papillon, son emblème ou celui de l'ame, sur la main gauche de l'Amour, qui, le bras droit passé autour du corps de sa jeune amie, appuie légèrement sa tête sur son épaule, et regarde avec un plaisir mêlé d'attendrissement l'insecte brillant qu'elle lui confie, et que bientôt il se fera un jeu de tourmenter. Rien de plus gracieux, de plus innocent et de plus simple que la pose de ces deux jolies figures; elles se font valoir l'une l'autre; leurs contours charmans s'unissent sans se confondre, et, de tous côtés, ce groupe offre les formes les plus coulantes, les plus moelleuses, et un heureux concours de lignes. Il est difficile de voir des pieds et des mains d'un dessin plus pur et plus élégant, et le dos des deux figures a toute la souplesse et toute la fraîcheur de l'adolescence. Peut-être aurait-on quelque raison de trouver Psyché un peu grande par rapport à l'Amour. Raphaël, dans plusieurs de ses charmantes compositions, a bien représenté l'Amour beaucoup plus petit que Psyché, mais il en a fait absolument un enfant : celui de Canova ne l'est plus et a tous les caractères de la jeunesse.

L'exécution de ce groupe, que Canova s'est plu à répéter, est digne de ce grand maître, dont on connaît l'habileté pour manier le marbre, qu'il travaillait avec la plus grande facilité. La draperie de Psyché est peut-être la partie la moins bien traitée. Canova, pour conserver le marbre de ses statues, et pour en adoucir la trop grande blancheur, employait, comme les anciens, une sorte de préparation onctueuse qui donnait à son marbre un ton doré ou blond, qui le rapproche de celui des figures antiques; mais il semble qu'il n'aurait pas dû, pour faire valoir les chairs, laisser aux draperies leur blancheur. N'est-ce pas un abus, et, réunir, pour ainsi dire, par cette différence de teintes, la peinture à la sculpture, deux arts qui procèdent d'après des principes et avec des moyens de natures différentes?

20. MICHEL LE TELLIER, marquis DE LOUVOIS. —
Buste en marbre.
Haut. 0,724m — 2 p. 2 po. 9 l.

Ce buste n'offre rien de remarquable, et il est assez grossièrement travaillé. *Voyez* n.° 57.

21. L'INNOCENCE. — *Statue en marbre de Carrare*, par CALLAMARD, exposée au salon de 1810.

Haut. 1,451^m — 4 p. 5 po. 8 l.

L'Innocence est représentée sous la figure d'une jeune fille, assise sur un rocher, couronnée de fleurs, nue jusqu'à la ceinture, et le reste du corps recouvert en partie d'une draperie, dans laquelle, avec un regard plein de candeur, elle enveloppe un serpent qu'elle réchauffe contre son sein; elle paraît triste de le voir engourdi et souffrant. La partie drapée de cette jolie figure est moins bien que celle qui est nue : on pourrait reprocher à la draperie de n'être pas assez étudiée, et d'être lourdement exécutée, ce qui se remarque sur-tout aux plis formés sur la jambe gauche, qu'ils font paraître cassée. Les pieds et les mains sont pleins de grâce et de délicatesse. En général, cette statue fait honneur au talent de M. Callamard, qui est mort jeune, et qui a laissé plusieurs autres ouvrages estimables.

22. FÉNÉLON (François de Salignac de la Motte), archevêque de Cambrai. — *Buste en marbre*, par COYZEVOX.

Haut. 0,724^m — 2 p. 2 po. 9 l.

Ce buste, un des bons ouvrages de Coyzevox, a beaucoup d'expression et de vie, et il rend bien la douceur et l'esprit de l'auteur immortel de *Télémaque*.

23. PSYCHÉ. — *Statue en marbre*, par MILHOMME, exposée au salon de 1810.

Debout, près de l'autel sur lequel vainement elle a fait fumer l'encens pour apaiser la jalouse déesse qui la poursuit, dans l'attitude de la réflexion et de l'abattement, la tête penchée, n'ayant plus la force de lever les bras, qui tombent le long du corps, la timide Psyché, sans autre vêtement que la draperie légère qui enveloppe son bras droit, est sur le point d'aller retrouver l'objet inconnu de son amour ; agitée de mille pensées, elle semble hésiter et prête à laisser échapper la lampe fatale qu'elle tient à la main gauche, et qui doit servir sa curiosité et causer tous ses malheurs. Cette statue, à laquelle on pourrait reprocher un peu de manière, et d'avoir la tête trop petite, est de M. Milhomme, mort jeune, et qui avait déjà produit plusieurs ouvrages, entre autres, une statue du général Hoche, exposée aux salons de 1812 et 1814; celle de Colbert, destinée au pont de Louis XVI, et une statue colossale de l'Abondance, placée au marché Saint-Germain.

24. GÉNIE. — *Bas-relief en marbre.*

Haut. 0,260^m — 9 po. 7 l. ; larg. 0,320^m — 11 po. 10 l.

On a encastré dans le socle un petit génie qui ne diffère de celui du n.° 15 que par quelque variété dans son attitude, et en ce qu'il tient un étendard aux armes de Navarre. Il provient du même monument que celui que l'on vient de citer.

25. CHARLES IX. — *Buste en marbre,* par GERMAIN PILON.

Haut. 0,607^m — 1 p. 10 po. 6 l.

Quoique d'un travail un peu sec dans certaines parties, cette tête ne manque pas de mérite ; elle a été rapportée sur un buste de la même main que celui du n.° 14, et qui n'est pas de la même époque que la tête.

Charles IX et Catherine de Médicis protégeaient les arts ; tous les grands artistes du règne de François Ier vivaient encore, et travaillaient au Louvre et à d'autres monumens.

26. HENRI III. — *Buste en marbre*, par BARTHÉLEMI PRIEUR.

Haut. 0,614ᵐ — 1 p. 10 po. 9 l.

Le roi est revêtu d'une cuirasse d'un travail très-recherché et recouverte du manteau royal parsemé de fleurs de lis. Cette tête, dont le marbre a été altéré par le temps, est d'un bon travail, d'une grande vérité, et fait honneur au ciseau de Prieur.

Jean Goujon, le restaurateur et le chef de l'école française, ne vivait plus; Pilon, son émule, et Prieur, soutenaient ses principes et sa gloire: mais après eux la sculpture commença à déchoir du haut point où elle était montée en moins de quatre-vingts ans. Il est singulier que d'Argenville ne dise pas un mot de Prieur, et qu'il ne soit pas fait mention de ce sculpteur dans la *Biographie universelle;* nous parlerons de lui dans un autre endroit, d'après ses ouvrages.

27. HYACINTHE. — *Statue en marbre*, par CALLAMARD.

Haut. 1,290ᵐ — 3 p. 11 po. 9 l.

Blessé d'un coup de palet à la tête par Apollon, ou plutôt par Borée, qui, jaloux de l'amitié que ce dieu et Hyacinthe avaient l'un pour l'autre, détourna avec impétuosité contre le jeune homme le disque qu'Apollon avait lancé, Hyacinthe est au point où les forces s'échappent avec la vie; il va tomber. L'attitude de cette jolie figure a de l'abandon, et les formes en sont gracieuses et élégantes.

28. GÉNIE. — *Bas-relief en marbre.*

Haut. 0,260ᵐ — 9 po. 7 l.; larg. 0,320ᵐ 11 po. 10 l.

Couché sur une cuirasse et des armes, ce petit génie tient, à la main gauche, une trompette ornée d'un pavillon aux armes de France, et de la droite, une couronne. Il faisait partie du même monument que ceux que nous avons déjà vus.

29. BOSSUET (Jacques-Bénigne), évêque de Meaux. — *Buste en marbre*, par COYZEVOX.

Haut. 0,665^m — 2 p. 0 po. 7 l.

Ce buste, d'un beau travail, ne nous offre cependant pas Bossuet avec les même traits et le même caractère de physionomie que le beau portrait de Rigaud, admirablement gravé par Drevet.

30. MANSARD (Jules-Hardouin), architecte. — *Buste en marbre*, par LE MOYNE (Jean-Louis), né en 1665, mort en 1755.

Haut. 0,886^m — 2 p. 8 po. 9 l.

Cette tête ne manque pas d'expression, et la chevelure est traitée avec une certaine chaleur et une facilité d'exécution qui compensent un peu ce que tout ce costume a d'ingrat pour la sculpture.

Neveu de François Mansard, architecte célèbre, mort en 1666, et à qui l'on doit le Val-de-Grâce, le château de Maisons, l'hôtel de ville d'Arles, et beaucoup d'autres édifices, JULES HARDOUIN, né en 1645, mort en 1708, avait de grands talens, et jouit, sous Louis XIV, d'une réputation méritée, et de tous les avantages qu'elle peut procurer, et que sa modestie l'empêchait de rechercher. Mis par Colbert à la tête des arts, des manufactures et de tous les grands travaux qu'il fit exécuter, il éleva de beaux monumens, parmi lesquels on cite la place Vendôme, celle des Victoires, le dôme des Invalides, l'orangerie de Versailles, quoiqu'il paraisse que dans cette belle construction il suivit les idées de Le Nôtre; la cascade de Saint-Cloud est aussi de lui. Comblé de distinctions honorables et des marques de la faveur de Louis le Grand, Mansard, chéri de tout le monde, mourut en 1708, à Marly. Le genre de toits brisés, nommé *mansardes*, est de l'invention de François Mansard.

Ce buste est de JEAN-LOUIS LE MOYNE, né à Paris en 1698, mort en 1755, recteur de l'académie de sculpture. Cet artiste a laissé peu d'ouvrages et peu de réputation ; d'Argenville se borne à le nommer. Il eut pour fils et pour élève Jean-Baptiste Le Moyne, qui étudia aussi sous le Lorrain, et qui, malgré les pompeux éloges que lui donnent d'André-Bardon et d'Argenville, dont en général les jugemens sont peu sûrs, par sa funeste facilité, par son manque de goût et d'étude, par les principes qu'il donnait à ses élèves, qu'il éloignait de l'étude de l'antique, est un des sculpteurs qui, sous le règne de Louis XV, ont fait le plus grand tort à la sculpture, et il a contribué de tout son pouvoir à la décadence des arts. Ses ouvrages ont tous les vices que l'on remarque dans les peintures et les sculptures de cette époque, qui vit s'établir des systèmes si faux et si nuisibles, et dont le costume était capable à lui seul de pervertir la sculpture et tous les arts d'imitation : dessin incorrect, maniéré, sans fermeté; attitudes forcées, draperies lourdes, surchargeant les figures de masses de plis où l'on ne trouve aucune étude, et qui semblent faites d'après des mannequins de papier. Enfin, avec tous les défauts qui peuvent porter un coup mortel à la sculpture, Le Moyne n'a aucune qualité qui pût lui donner des droits aux ridicules prétentions qu'il affichait d'être chef d'une nouvelle école, et de mettre ses principes à la place de ceux des anciens et des grands maîtres du règne de François I.er

31. L'AMOUR ADOLESCENT. — *Statue en marbre*, par Bouchardon (Edme), né en 1698, à Chaumont en Bassigny ; reçu à l'académie en 1744; mort en 1762.

Haut. 1,677^m — 5 p. 2 po.

L'Amour, se sentant en âge d'essayer ses forces, après s'être emparé des armes de Mars, qu'il foule aux pieds, et avoir enlevé à Hercule sa peau de lion, se fait un arc qu'il taille dans la massue de ce héros, qu'il a soumis à ses lois. Son sourire malin et l'expression de ses yeux annoncent tout le plaisir qu'il trouve à son double triomphe. Cette statue, faite pour Louis XV, fut d'abord placée à Versailles, ensuite à Choisy. Son piédestal est du plus beau marbre antique de Cariste ou cipolin vert.

A une époque où l'on avait oublié ou négligé tous les vrais principes et les leçons sévères de la sculpture antique, et où, loin de prendre pour modèles les chefs-d'œuvre des anciens, on suivait la fausse route tracée par le Bernin, le Borromini, et où des chefs d'école tels que Le Moyne égaraient leurs élèves, la statue de Bouchardon devait avoir un grand succès; cependant il lui fut contesté, ce dont il fut très-surpris, car il y avait mis tous ses soins et tout son talent, et il s'étonnait que l'on ne fût pas ravi de l'expression voluptueuse qu'il avait donnée aux yeux et à la bouche de cet Amour. Aujourd'hui, l'on trouve, avec raison, son attitude gauche et tourmentée, la disposition des jambes peu agréable; ce que Bouchardon regardait comme de la grâce dans la figure, est de la manière; les formes sont pauvres et n'ont aucune noblesse, et il est difficile de voir des jambes et sur-tout des pieds d'un dessin plus incorrect et plus ignoble, et des draperies plus mal jetées; elles ne sont exécutées que de pratique et sans étude. Le marbre est travaillé avec grand soin et même avec beaucoup d'adresse, et les accessoires sont bien traités sous le rapport de l'exécution, mais le bouclier et le casque chargé de plumes n'ont nullement le caractère qui conviendrait à un Amour auquel on a voulu donner des attributs antiques.

Il paraît que BOUCHARDON, qui, après s'être livré à la peinture, devint élève de Coustou le jeune, avait plus de talent et de goût qu'il n'en montre dans la plupart de ses ouvrages, et qu'ayant étudié l'antique, à Rome, il en connaissait et sentait les beautés, et les reproduisait dans ses compositions et dans les dessins au crayon, qu'il faisait avec beaucoup de feu et de talent. Quoiqu'il donnât à ses statues des draperies lourdes et cassées, il admirait la noblesse et la simplicité de celles des anciens, désirait que le costume antique fût adopté au théâtre, et s'indignait d'être obligé de sacrifier au mauvais goût de son siècle. Né avec de grandes dispositions et une étonnante facilité, s'il eût paru à une époque plus heureuse pour les arts, il eût pu devenir un habile maître : mais, malgré quelques ouvrages où il y a du mérite, on ne peut s'empêcher de le mettre au rang des sculpteurs qui ont contribué à la décadence de l'école française, et dont on doit éviter de suivre les principes et la manière. Parmi les meilleures productions de ce sculpteur, on cite, en première ligne, la fontaine de la rue de Grenelle du faubourg Saint-Germain, commencée en 1739, et son plus bel ouvrage; la statue équestre en bronze de Louis XV, sur la place de ce nom. Il y avait travaillé pendant douze ans, et le cheval était assez beau et bien étudié. La statue était portée sur un grand piédestal orné de bas-reliefs en bronze, et, aux quatre coins, de figures de dix pieds de haut, qui représentaient la Justice, la Force, la Prudence et la Paix : grande et belle composition, et d'une richesse convenable à un monument de ce genre. Bouchardon a fait aussi des statues à Versailles, plusieurs pour l'église de Saint-Sulpice, et une belle figure, pleine d'expression, pour le mausolée de la duchesse de Lauragais. Ce sculpteur n'a pas laissé d'école, et l'on ne cite d'élèves de lui que Louis Guiard, qui a passé une grande partie de sa vie à Rome, et Louis Claude Vassé, mort en 1772, sans grande réputation. *Voyez* d'Argenville.

Quoique ce musée ne renferme pas de statues de Coustou le jeune (Guillaume le père), il est difficile, après avoir parlé de Bouchardon, de ne pas dire un mot de ce sculpteur, qui a été son maître.

Trois Coustou se sont fait un nom parmi les sculpteurs français, et peuvent être mis au rang de ceux qui ont soutenu, sous le règne de Louis XIV, l'honneur de la sculpture. Cependant ils étaient sortis de la route tracée par Jean Goujon, et sur-tout par les anciens, et ils annonçaient déjà la décadence qui les suivit et à laquelle ils contribuèrent malgré leurs talens. Ce n'est que par les grands principes des maîtres de l'antiquité et par la sévérité du dessin que peuvent vivre et fleurir les écoles, et une exécution brillante et facile ne les empêche pas de déchoir et de tomber.

Coustou (Nicolas), né à Lyon, en 1658; mort en 1733.

Après avoir étudié sous Coyzevox, son oncle, et avoir remporté le grand prix de sculpture, il alla à Rome, où il prit pour guide de ses études les ouvrages de Michel-Ange et de l'Algarde. On voit qu'il les étudia beaucoup plus que l'antique : ses productions ont peu de choses qui le rappellent; attitudes, expression, draperies, tout y a l'air moderne, même dans les sujets tirés de l'antiquité, quoiqu'en général les formes soient d'un bon choix, bien dessinées, et d'une exécution facile et agréable. Versailles, les Tuileries et Trianon possèdent beaucoup de statues de cet habile sculpteur, qui a orné de ses productions plusieurs églises de Paris et de Lyon. Le groupe de la Seine et de la Marne, des Tuileries, peut être cité comme un de ses bons ouvrages, qui offre ses qualités et ses défauts. On voit à Lyon, à l'hôtel de ville, une statue de la Saone, en bronze, de dix pieds de proportion, par Coustou; elle est d'une grande beauté et était autrefois placée au bas du piédestal de la statue équestre de Louis XIV. Deux nymphes groupées avec des amours, le Berger chasseur et le Jules César que l'on voit dans le jardin des Tuileries, sont de bons ouvrages de Nicolas Coustou. Il a aussi fait, pour Notre-Dame, une belle descente de croix, en mémoire du vœu de Louis XIII, et un S. Denis. En 1693, il fut reçu à l'académie, dont il devint par la suite chancelier et recteur. On cite parmi ses élèves L'Amoureux, dont on voit plusieurs ouvrages à Lyon, et Jacques Rousseau, de l'académie, et qui a travaillé à Paris, à Rouen et à Madrid, où il mourut en 1740, âgé de 59 ans.

Coustou (Guillaume), frère du précédent, et maître de Bouchardon; né en 1678; mort en 1746.

Elève de Coyzevox, de même que son frère, il remporta aussi le grand prix, qui le fit aller à Rome, où il eut beaucoup de peine à vivre, quoiqu'il eût déjà du talent. Sur le point de partir pour Constantinople, il fut retenu par Le Gros, qui lui procura de l'ouvrage. Guillaume Coustou avait peut-être plus de talent que Nicolas, et son dessin est plus pur et plus sévère; on en peut juger, aux Tuileries, par les jolies statues d'Hippomène et d'Atalante; d'Apollon et de Daphné : elles ont beaucoup de mouvement, de grâce, et l'exécution en est très-soignée. Les chevaux de

Marly, placés à l'entrée des Champs-Élysées, sont au nombre des meilleurs ouvrages de Guillaume Coustou, et ces groupes, pleins de feu, de vie, et d'une belle disposition, lui font grand honneur; ils furent finis en 1745, et remplacèrent à Marly les groupes de la Renommée et de Mercure, qui furent transportés aux Tuileries. La statue du Rhône, à l'hôtel de ville de Lyon, est une des plus belles productions de la sculpture moderne. On voit encore, de Guillaume Coustou, de beaux bas-reliefs: à Versailles, le Passage du Rhin, commencé par son frère; ceux du fronton du château d'eau, sur la place du Palais-Royal, qui offre la Seine et la fontaine d'Arcueil, et celui de la porte d'entrée des Invalides. Il travailla aussi avec son frère à la descente de croix de Notre-Dame. Il eut pour principaux élèves Claude Francin, de Strasbourg, né en 1701, mort à Paris en 1773, qui travailla pour les églises de Saint-Roch, de Saint-André des Arcs, et fit un beau bas-relief pour Bordeaux, la bataille de Fontenay et la prise de Mahon; Jacques-François-Joseph Saly, né à Valenciennes en 1701, de l'académie en 1751. Son monument de réception fut le jeune Faune portant un chevreau, qui est aux Tuileries; il fit pour Valenciennes la statue de Louis XV, en marbre, de neuf pieds de haut, et à Copenhague la statue équestre de Christiern IV.

Coustou (Guillaume) le jeune, fils de Guillaume, né en 1716, de l'académie en 1742, recteur en 1770, mort en 1777.

A son retour de Rome, où il avait été comme pensionnaire, il aida son père à terminer les beaux chevaux de Marly, et fit pour Bordeaux un beau S. François Xavier; un Mars et une Vénus, pour la Prusse; à Saint-Roch, la statue de S. Roch; dans la cathédrale de Sens, le tombeau du Dauphin père de Louis XVIII.

32. COLBERT (Édouard). — *Buste en marbre*, par Desjardins.

Haut. 0,803m — 2 p. 5 po. 8 l.

Il était frère du grand Colbert, fit la guerre avec distinction, et mourut lieutenant général. Ce beau buste est de Desjardins, dont nous parlerons dans un autre endroit. *Voyez* p. 34.

33. LE CARDINAL DE RICHELIEU.—*Buste en marbre,* par Coyzevox.

Haut. 0,650^m — 2 p.

Ce buste, plein d'expression et de caractère, et qui rend si bien celui de Richelieu, est un des bons ouvrages de Coyzevox; l'exécution en est franche et hardie, et les cheveux sur-tout sont traités dans le goût de ceux de quelques têtes antiques, et avec un grand talent.

34. NARCISSE. — *Statue en marbre,* par Calderari.

Haut. 1,190^m — 3 p. 8 po.

Ce beau jeune homme, épris des charmes de sa figure, est représenté au moment où il contemple avec ravissement ses traits dans les eaux pures d'une fontaine, et bientôt consumé par sa passion pour lui-même, il en mourra la victime.

Cette figure ne manque pas de mérite et est d'une jolie exécution; mais les formes du haut du corps sont un peu serrées, et moins bien que la partie inférieure.

Parmi les autres ouvrages de Calderari, on a remarqué, au salon de 1817, une statue d'Androclès, et celle du général Moreau, au salon de 1819.

35. GÉNIE. — *Bas-relief en marbre blanc.*

Haut. 0,260^m — 9 p. 7 l.; larg. 0,320^m 11 po. 10 l.

L'H entremêlé aux armes sur lesquelles s'appuie ce génie, indique que ce bas-relief provient, comme les autres, d'un monument de Henri II.

36. HENRI IV couronné de laurier. — *Buste en albâtre,* par Barthélemi Prieur.

Haut. 0,650^m — 2 p.

Ce beau buste, le plus ressemblant que nous ayons du bon roi, est d'une belle exécution, et traité avec vérité: les détails sont d'une grande richesse.

Henri IV avait l'ame trop élevée, les idées trop grandes, pour ne pas aimer les arts; il les protégea, les honora, en donnant comme récompense des logemens au Louvre à douze des plus habiles artistes de son temps. Cependant les arts déclinèrent; il ne restait plus que Prieur des anciens maîtres de l'école de Jean Goujon, et, malgré son talent, il ne pouvait arrêter la décadence qui les menaçait. Paris embelli, l'étendue de ses murs agrandie, l'hôtel de ville commencé sous François I.er, achevé par les ordres de Henri IV, la construction du palais du Luxembourg, sont de nobles témoins de son goût pour les arts et sur-tout pour l'architecture. Il fit aussi continuer par du Cerceau le Pont-Neuf, que cet habile architecte avait commencé en 1578, et qui ne fut terminé qu'en 1604. Enfin, cette même main, fatiguée, pour ainsi dire, de gagner des batailles et de renverser des forteresses, trouvait, dans la paix, un noble délassement à élever des monumens qui eussent fait la gloire de bien d'autres rois, et qui n'ajoutaient que quelques rayons à la sienne.

SALLE DES BRONZES

ou

DE FRANCHEVILLE.

37. **NATION VAINCUE.** — *Bronze*; par FRANCHEVILLE (Pierre) ou FRANCAVILLA, né à Cambrai en 1548; on ignore l'année de sa mort.

Haut. 1,550m — 4 p. 9 po. 4 l.

Cette belle statue, qui représente une nation vaincue, ainsi que les trois autres qui sont de chaque côté des portes de cette salle, étaient placées aux quatre coins du piédestal de la statue d'Henri IV que l'on voyait autrefois sur le Pont-Neuf, et qui, modelée par Jean de Bologne, fut un présent que Côme II de Médicis fit à Marie de Médicis. Des inscriptions placées sur les accessoires de ces statues apprennent que, commencées par Francheville, elles furent terminées, en 1618, par son élève Bordoni, de Florence.

Un vieillard, encore vert et plein de vigueur, les mains liées derrière le dos, est assis sur un tronc d'arbre; à ses pieds sont des armes brisées. Il paraît que cette figure représente le Nord; quoique un peu lourde et courte, elle est d'une bonne école, et offre de très-belles parties; la tête ne manque pas d'expression.

Francheville montra dès sa première jeunesse les plus heureuses dispositions pour les arts, et sur-tout pour la sculpture. Entraîné par son goût, il voyagea en Italie et étudia sous les grands maîtres qu'avait formés Michel-Ange, dont on retrouve quelquefois les inspirations et le style dans ses ouvrages. Il s'attacha particulièrement à Jean de Bologne, avec lequel il travailla pendant plusieurs années à Florence, à Gênes, à Pise, où il laissa un grand nombre de belles statues. D'après la réputation qu'il se fit en Italie, Henri IV l'engagea, en 1601, à revenir en France, et le nomma bientôt son sculpteur. Il fut alors chargé de travaux importans, et depuis on le trouva digne d'être associé à Jean de Bologne dans les sculptures du monument que l'on éleva à Henri IV. Ce sculpteur habile s'exerçait aussi à travailler l'ivoire. Le style de Francheville tient beaucoup de celui de l'école florentine, et quelquefois ses poses sont un peu maniérées; mais ses figures sont bien conçues, d'un dessin vigoureux et d'une belle exécution. En comparant ses *prisonniers* avec ceux de Michel-Ange, on voit la distance qu'il y a entre le maître et l'élève. Parmi les ouvrages de Francheville, on cite le Temps enlevant la Vérité, groupe qui, du jardin des Tuileries, fut transporté autrefois à Pontchartrain. *Voyez* d'Argenville.

38. LOUIS XII. — *Demi-figure en bronze.*

Haut. 0,913ᵐ — 2 p. 9 po. 9 l.

Ce buste, exécuté avec une naïveté qui parle en faveur de la ressemblance, est remarquable par la beauté et la finesse des bas-reliefs et des ornemens dont la cuirasse est chargée. Il a été fondu d'après un beau marbre de Demugiano de Milan, qui porte la date de 1508.

Louis XII, le père du peuple, fut aussi le père des beaux-arts : ce fut sous son règne qu'ils commencèrent à renaître, et que parurent Jean Cousin, Jean Joconde, par qui le cardinal George d'Amboise fit construire le château de Gaillon. Ce ne fut cependant que long-temps après la mort de Louis XII qu'on lui éleva un superbe monument, dont les travaux furent confiés à Jean Juste de Tours pour l'architecture, et à Paul Ponce pour la sculpture.

39. LE PASSAGE DU RHIN près Tholuis, par Louis XIV, le 12 juin 1672. — *Bas-relief.*

Haut. 1,082ᵐ — 3 p. 4 po.; larg. 1,650ᵐ — 5 p. 1 po.

Entouré de ses généraux, dont plusieurs se sont déjà jetés dans le fleuve, le roi est sur le point d'en faire le passage. Ce bas-relief, ainsi que les trois autres, ornait le piédestal de la statue que le maréchal de la Feuillade, par enthousiasme pour Louis XIV, lui fit ériger à ses frais, en 1686, sur la place des Victoires. Ils ont été fondus sur les modèles de Desjardins, qui fit aussi la statue, haute de treize pieds, et qu'il coula d'un seul jet. Ce beau morceau, détruit par la révolution, assura la réputation et la fortune de ce statuaire, qui avait d'ailleurs du mérite, et qui avait déjà fait deux autres statues de Louis XIV ; l'une équestre, pour Lyon, fondue par les Keller; l'autre en pied, et en marbre, pour l'orangerie de Versailles.

DESJARDINS, dont le nom est *Martin Van den Bogaert*, était de Bréda : il se fixa en France, et mérita, par son talent, d'acquérir de grandes richesses. Outre les statues citées plus haut, il en fit plusieurs mises au nombre des plus belles de Versailles. Il travailla aussi aux sculptures du collége Mazarin. Né en 1640, de l'académie en 1671, il mourut en 1694.

40. OLIVIER LEFÉVRE, seigneur D'ORMESSON. — *Bronze*, par PAUL-PONCE.

Haut. 0,486m — 1 p. 6 po.

Ce buste, qui porte un grand caractère de vérité, est d'une bonne exécution.

PAUL-PONCE, sculpteur italien, dont le nom de famille était *Trebati*, était probablement de l'école de Michel-Ange ou de celle de Jean de Bologne; l'éclat et la faveur dont, à cette époque, les arts étaient environnés en France, l'y attirèrent, et il y a laissé de beaux et grands ouvrages, dont une partie a été mutilée. Le cardinal George d'Amboise l'adopta pour son sculpteur. Le tombeau de Louis XII et d'Anne de Bretagne lui fait beaucoup d'honneur par la richesse de la composition et la beauté de l'exécution. Il fut aussi employé par le Primatice aux sculptures de Fontainebleau et de Meudon, et c'est de lui, dit-on, que sont les belles figures des petits frontons de la plus ancienne partie de la cour du Louvre. On a plusieurs statues de Paul-Ponce où l'on retrouve la vigueur et le caractère de l'école florentine.

41. LOUIS XIII, vêtu de son manteau royal. — *Statue en bronze*, par SIMON-GUILLAIN, né à Paris en 1581, mort en 1658.

Haut. 2,300m — 6 p. 2 po. 10 l.

42. LOUIS XIV ENFANT. — *Statue en bronze*, par le même.

Haut. 1,530m — 4 p. 8 po. 1 l.

43. ANNE D'AUTRICHE. — *Statue en bronze*, par le même.

Haut. 2m — 6 p. 1 po. 10 l.

Ces trois statues faisaient partie d'un monument élevé autrefois sur le Pont-au-Change. Elles sont de Simon

Guillain, et n'annoncent pas un grand talent dans leur auteur, plus connu par ses élèves les Anguier que par ses ouvrages. Il a cependant beaucoup travaillé pour plusieurs églises de Paris, entre autres pour la Sorbonne. On citait parmi ses meilleurs ouvrages le mausolée de Charlotte de la Trémouille, femme de Henri Ier, prince de Condé, dans l'église de l'Ave-Maria, et une statue de Guillaume, archevêque de Bourges, qu'il avait faite pour la chapelle du collége de Navarre. Guillain fut un des douze premiers membres de l'académie de peinture et de sculpture fondée en 1648, sous la régence d'Anne d'Autriche, à la requête de Martin de Charmois et de Le Brun, et par la protection du chancelier Séguier.

44. LOUIS XIV. — *Buste en bas-relief (marbre)*, par Coyzevox.

Haut. 0,650^m — 2 p.

45. BATAILLE DE SENLIS, en 1519. — *Bas-relief*.

A cette bataille, le duc Henri de Longueville défit le duc d'Aumale et délivra Senlis. Ce bas-relief, assez fini de travail, était incrusté dans la base du monument de Henri de Longueville; il est de François Anguier.

Haut. 0,406^m — 1 p. 3 po.; larg. 0,758^m — 2 p. 4 po.

46. SECOURS DONNÉ A ARQUES. — *Bas-relief*.

Il provient aussi de l'obélisque du duc de Longueville. On y voit Henri IV félicitant ce prince de la manière brillante dont il s'était conduit dans cette journée.

Haut. 1,406^m — 1 p. 3 po.; larg. 0,758^m — 2 p. 4 po.

47. FRÉMINET (Martin), peintre, né à Paris en 1567, mort en 1619. — *Buste*, par Francheville.

Haut. 1,616^m — 1 p. 10 po. 10 l.

Fréminet étudia sous Jean Cousin, auquel il dut sans doute, en partie, son goût et sa science de l'anatomie. Il alla ensuite en Italie, employa les quinze ans qu'il passa à Rome, à Venise et à Florence, à se pénétrer des beautés et du style des grands maîtres et sur-tout des ouvrages de Michel-Ange et du Parmesan; aussi retrouve-t-on dans ses productions, et particulièrement dans les peintures de la chapelle de Fontainebleau, la grâce de l'un et la vigueur de l'autre; et ses compositions, grandes et bien conçues, lui ont assuré un rang distingué parmi les bons peintres de cette époque. Il fut premier peintre de Henri IV, et Louis XIII lui donna le cordon de Saint-Michel. On voyait autrefois son tombeau dans l'église de la belle abbaye de Barbeau, entre Melun et Fontainebleau, où il avait construit une superbe chapelle.

48. CONQUÊTE DE LA FRANCHE-COMTÉ. — *Bas-relief en bronze.*

Haut. 1,082^m — 3 p. 4 po.; larg. 1,650^m — 5 p. 1 po.

Ce bas-relief, qui représente la conquête de la Franche-Comté par Louis XIV, offre de bons détails, et, de même que celui que nous avons vu au n.° 39, il a été fondu d'après les modèles de Desjardins et était destiné au même monument.

49. NATION VAINCUE. — *Statue de bronze*, par FRANCHEVILLE.

Haut. 1,623^m — 5 p.

Il paraît que sous les traits de ce vieillard vigoureux qui foule aux pieds un canon brisé et un casque, Francheville a voulu représenter les nations de l'Occident. Cette figure, d'un beau caractère, a de l'expression, et prouve, ainsi que les autres, que ce statuaire, malgré la difficulté que lui opposait la symétrie du monument, savait habilement varier ses poses et en tirer tout le parti que lui permettaient la régularité et l'accord de l'ensemble.

50. TRAITÉ AVEC L'ESPAGNE. — *Bas-relief en bronze.*

Haut. 1,082ᵐ — 3 p. 3 po. ; larg. 1,650ᵐ — 5 p. 1 po.

Cette composition, qui offre le traité conclu en 1713, à Utrecht, entre la France et l'Espagne, et qui rétablit la paix entre ces deux puissances, a été fondue d'après le modèle de Desjardins. *Voyez* les n.ᵒˢ 39 et 48.

51. NATION VAINCUE. — *Statue de bronze*, par FRANCHEVILLE.

Haut. 1,568ᵐ — 4 p. 10 po.

Cette figure, qui, sous les traits d'un jeune Grec, représente l'Orient, est d'un style plein de grâce, et, par sa belle attitude, son dessin pur et son expression, peut être mise au rang de nos meilleures statues.

52. JEAN DE BOLOGNE. — *Buste*, par FRANCHEVILLE.

Haut. 1,580ᵐ — 1 p. 9 po. 3 l.

Ce buste de Jean de Bologne, qu'on croit de son élève Francheville, est un hommage que ce dernier devait à un tel maître ; il est d'une grande vérité et d'une belle exécution.

Ce sculpteur, que l'on est habitué à regarder comme Italien, à cause du long séjour qu'il fit à Bologne, dont il conserva le nom, était de Douai, où il naquit en 1524. Ainsi que tous les jeunes gens de cette époque qui se sentaient des dispositions pour les arts, il passa en Italie, où il profita si bien des conseils et des exemples de Michel-Ange, qu'il devint bientôt très-habile, et l'un des plus grands sculpteurs modernes. Son style est noble, son dessin presque toujours pur et élégant, et l'on voit qu'en admirant les productions de Michel-Ange et de son école, il ne perdait pas de vue les chefs-d'œuvre des anciens, dont souvent il se rapproche. L'Italie est remplie de beaux ouvrages de Jean de Bologne ; c'est sur-tout dans cette ville et à Florence que l'on voit les plus remarquables. A Bologne, sa fontaine de Neptune est très-belle ; il n'y a rien de plus gracieux que les figures des Néréides qui entourent le piédestal, et pressent leurs seins pour en faire jaillir de l'eau. A Florence, on admire son Enlèvement des Sabines; sa statue équestre de Côme de Médicis, qui, ainsi que son père, fut son protecteur; au jardin de Boboli, le Neptune, aux pieds duquel, dans une immense coupe de granit, sont couchés le Nil, le Gange et l'Euphrate, de vingt pieds de proportion. Le Mercure de Jean de Bologne, si connu de tout le monde, est une des plus jolies productions de ce grand sculpteur, à qui Paris devait la belle statue équestre de Henri IV. Il mourut à Florence, en 1608.

53. STATUE ÉQUESTRE DE LOUIS XIV.

Haut. 0,744m — 2 p. 3 po. 6 l.

On ne sait de qui est ce modèle, au-dessous du médiocre, qui a été retrouvé dans les caves du Louvre.

54. MARIE-THÉRÈSE D'AUTRICHE, femme de Louis XIV. — *Buste en bas-relief (marbre), par* COYZEVOX.

Haut. 0,650m — 2 p.

55. PHILIBERT DE LORME. — *Médaillon en bronze.*

Haut. 0,478m — 1 p. 5 po. 9 l.

Ce buste en bronze, encastré dans un médaillon de marbre orné de têtes de belier et d'arabesques, offre le portrait d'un de nos premiers et de nos plus grands architectes, et l'un de ceux qui ont poussé le plus loin la science de la charpente. Il provient d'un monument funèbre qui avait été consacré à sa mémoire.

Né à Lyon au commencement du xvi.e siècle, et mort en 1570, PHILIBERT DE LORME, par son génie et ses grandes conceptions, travailla à faire renaître, en France, le bon goût de l'architecture; mis par François I.er à la tête de tous les immenses et magnifiques ouvrages qu'il entreprit, Philibert s'associa des artistes du plus grand mérite, tels que Jean Bullant, Jean Goujon, Germain Pilon, qui concourureut à l'envi avec lui à illustrer par les plus beaux monumens des arts les règnes de François I.er et de Henri II. Parmi les nombreuses productions dont il avait embelli la France, je ne citerai que le château d'Anet, le mausolée de François I.er, et celui de Henri II, que la mort ne lui permit pas de voir terminé, et qui le fut par Germain Pilon, et par Primatice, de Bologne, attiré en France par François I.er, et qui, après la mort de Philibert de Lorme, fut chargé de l'intendance des beaux-arts. Comme peintre et comme architecte, il développa dans cette place de grands talens, qui maintinrent dans l'école française le goût qu'elle avait reçu de celles d'Italie, et sur-tout des grands maîtres de Florence. Outre les monumens que nous venons de citer, auxquels coopéra Primatice, cet habile homme trouva dans le château de Fontainebleau un vaste champ pour exercer ses talens. C'est aussi aux soins et au goût du Primatice que l'on doit une grande quantité des plus belles statues antiques, qu'il rapporta d'Italie pour François I.er; elles forment encore le principal ornement du Musée royal des antiques, et feraient honneur aux plus belles collections de l'Italie.

56. **ALBERT PIO DE SAVOIE**, prince de Carpi, dans le Modénois; né en 1480, mort en 1535. — Par PAUL-PONCE.

Long. 1,690m — 5 p. 2 po. 6 l.

Ce prince, qui avait servi avec distinction dans l'armée de François I.er, se livrait à la poésie et y acquit de la réputation; il finit par se faire moine. La tête nue, revêtu d'une cuirasse et enveloppé de son manteau, il est couché sur un lit de repos, le bras droit appuyé sur un coussin; il paraît méditer profondément sur le livre qu'il tient à la main, et qui est peut-être un ouvrage d'Érasme, son émule et son antagoniste.

57. **ANDRÉ BLONDEL.** — *Bas-relief*, par PONCE JACQUIO.

Haut. 1,731m — 5 p. 4 po.

Ce bas-relief, qu'on avait cru pendant long-temps de Paul Ponce, est de Ponce Jacquio (*voyez* n.º 3). Il ornait autrefois, à Saint-Magloire, le tombeau d'André Blondel, vertueux intendant des finances, dont Diane de Poitiers avait fait la fortune. Un vieillard debout, les jambes croisées et dans l'attitude du repos, telle que les anciens la donnaient au génie du sommeil, repose sa tête sur un coussin et sur sa main gauche; de la droite, il tient des pavots; des armes sont à ses pieds. Le style et l'exécution de cette figure ont beaucoup de rapport avec celle de Charles Meigné, par le même sculpteur (*voyez* le n.° 3).

58. TÊTES DE MÉDUSE. — *En bronze.*

Ces deux têtes, dont le travail est très-soigné, sont, à ce que l'on croit, d'un sculpteur peu connu, nommé Daujou : le caractère en est beau, et elles ont une sévérité et une expression de tristesse qui leur convient, et qu'on trouve dans les belles têtes antiques de Méduse.

59. LOUIS XIV. — Par GIRARDON.

Ce modèle, très-bien exécuté, est précieux en ce qu'il offre la statue équestre de Louis le Grand, faite par Girardon, pour la place Vendôme.

60. MICHEL LE TELLIER, marquis DE LOUVOIS. — *Buste en bronze*, d'après DESJARDINS.

Haut. 0,415m — 1 p. 3 po. 5 l.

On avait élevé à ce ministre de Louis XIV, dans l'église des Capucins, un très-beau monument en marbre et en bronze, dont les statues avaient été faites par Girardon, et par Desjardins, qui mourut avant d'avoir terminé la statue de Louvois, à laquelle Van Clève mit la dernière main.

61. FRANÇOIS I.er — *Buste à mi-corps, en bronze,* par JEAN COUSIN.

Haut. 0,616m — 1 p. 10 po. 10 l.

La nature avait doué ce prince de tous ses dons : d'une taille majestueuse, d'un esprit et d'une éloquence égaux à sa valeur. Il avait un goût naturel pour tout ce qui est beau et grand. Jamais roi ne mérita mieux que François I.er les nobles titres de père et de restaurateur des sciences et des arts. Appelés par lui en France, Léonard de Vinci, le Rosso ou maître Roux, Primatice, Paul-Ponce, Benvenuto Cellini, fondèrent des écoles de peinture et de sculpture, qui virent naître les plus grands maîtres et répandirent le bon goût. De tous côtés, des monumens somptueux, des châteaux s'élevèrent ou s'embellirent avec toute la magnificence que le génie et les talens des Lescot, des Philibert de Lorme, des Goujon, des Germain Pilon, pouvaient donner à l'architecture, à la sculpture et à la peinture. On reconstruisit le Louvre; on éleva Chambord, Rambouillet, Verneuil, et tant d'autres châteaux; Fontainebleau, Vincennes, Saint-Germain en Laye, s'enrichirent de toutes les merveilles des arts. Des savans, des artistes parcouraient l'Italie, et en rapportaient, en grand nombre, les chefs-d'œuvre des anciens. Limoges, Rouen, virent s'établir, sous la direction de Léonard de Limoges et de Bernard Palissy, des manufactures d'émaux et de faïence, dont les dessins, d'après ceux de Raphaël, excitent encore notre admiration, par la perfection de la matière et du travail. Sous l'habile main de Benvenuto Cellini, l'orfévrerie, portée au plus haut point de perfection, rivalisa avec la sculpture pour la pureté du dessin; les pierres fines et les métaux les plus précieux décorèrent les vases de cristal de roche, de sardoine, d'onix et des matières les plus rares. François I.er accrut aussi la bibliothèque royale, de livres et de manuscrits recueillis à grands frais, et il fonda le collége royal. Enfin, les sciences et les arts, encouragés, protégés, se réunirent pour illustrer de toute leur gloire ce règne chevaleresque, qui rappelle les temps de Périclès, d'Alexandre et d'Auguste, et qui partagea avec ceux de Jules II et de Léon X l'honneur de relever les lettres et les arts en Italie et en France.

62. Traité conclu par Louis XIV avec la Hollande, pour la PAIX DE NIMÈGUE. — *Bas-relief en bronze.*

Haut. 1,082^m — 3 p. 4 po.; larg. 1,625^m — 5 p. 1po.

Le roi, entouré d'une partie de sa famille et des personnages les plus distingués de sa cour, ayant à sa gauche le grand Dauphin et le grand Condé, à sa droite et près de lui le chancelier Le Tellier, reçoit les ambassadeurs de la Hollande. La composition de ce bas-relief est sage, et l'exécution en est belle; il est d'ailleurs curieux, en ce qu'il offre avec exactitude les costumes du temps, peu favorables à la sculpture, et dont l'artiste a su tirer un assez bon parti.

63. NATION VAINCUE. — *Statue de bronze,* par Francheville.

Haut. 1,568^m — 4 p. 10 po.

Cette figure, dont la pose est belle et le dessin savant, par sa musculature sèche et vigoureuse, par ses cheveux crépus et son nez écrasé, offre le caractère des peuples de l'Afrique, et représente le Midi.

Cette statue complète les quatre qui étaient aux coins du piédestal de celle de Louis XIV.

64. BOUCLIER.

Larg. 0,596^m — 1 p. 10 po.

Ce morceau, remarquable par la beauté et la finesse de ses ornemens en arabesques, a été moulé en métal de cloche, sur un bouclier du temps de François Ier, ciselé en acier et damasquiné en or, genre de travail très-difficile, dans lequel on excellait à cette époque, comme le prouvent la belle armure de François Ier conservée à la bibliothèque royale, celle que l'on voit au musée de Turin, et quantité d'autres. Le dessin des figures tient beaucoup de l'école florentine.

Le pavé de cette salle offre une quantité de beaux marbres, disposés avec goût par M. Belloni, habile mosaïquiste, à qui l'on doit aussi les pavés des autres salles et de celles du musée royal des antiques.

SALLE DE GERMAIN PILON.

65. VASQUE. — *En marbre blanc.*

Haut. 2,209^m — 6 p. 9 po. 8 l.

Cette vasque, élégante de forme et d'une exécution très-soignée, ornait les jardins du beau château de Gaillon, construit à grands frais par le cardinal George d'Amboise, qui, dans son ministère, sous Louis XII, rendit de si grands services aux lettres et aux arts, qu'il aimait avec zèle et avec un goût éclairé. Ce fut en 1500 qu'il confia à Frà Giocondo, ou frère Joconde, la construction de ce magnifique édifice, qui, de même qu'Anet, Écouen, attestait la splendeur et le goût du XVIe siècle, et qui a disparu dans des temps malheureux. Il en existe encore quelques débris, d'une grande richesse d'ornemens, dans les cours des Petits-Augustins, et l'on trouve les plans, des vues et des coupes de ce château et des autres, dans plusieurs ouvrages, entre autres dans celui de du Cerceau

JEAN JOCONDE, né à Vérone, en 1435, se distingua, dès son plus jeune âge, par son goût et ses talens pour les belles-lettres et pour les arts, et par les immenses et rapides progrès qu'il y fit. Dans un voyage d'Italie, il recueillit plus de deux mille inscriptions antiques, dont il fit présent à Laurent de Médicis. Regardé comme un des premiers littérateurs de son siècle, il eut l'honneur d'être le maître de Jules-César Scaliger. Jean Joconde devint aussi habile architecte. Appelé en France par Louis XII, il construisit, en pierre, de l'an 1500 à 1507, le pont de Notre-Dame, qui auparavant n'était qu'en bois. Il n'est pas aussi positif qu'il ait bâti Gaillon; car le cardinal d'Amboise fit élever ce château, selon les uns, de 1490 à 1500, selon d'autres, en 1505, et Joconde partit de France en 1506. Il est vrai qu'il eût pu confier à ses élèves l'exécution de ses plans et de ses dessins. De retour en Italie, Joconde fit, dans le canal de la Brenta, des travaux très-utiles pour la ville de Venise; il fortifia Trévise. Il rendit aussi de grands services à la littérature, en publiant une édition des Lettres de Pline, beaucoup plus considérable que les autres; un Vitruve avec des planches en bois, les Commentaires de César, et plusieurs autres auteurs. En 1514, Léon X le fit venir à Rome, pour concourir à la construction de Saint-Pierre avec le Bramante, Michel-Ange, Raphaël, San-Gallo, &c. Joconde, comblé d'honneurs, mourut dans un âge très-avancé.

66. LA PRUDENCE. — *Statue en marbre,* par François ANGUIER, né à Eu en 1604, mort en 1669.

Haut. 1,474^m — 4 p. 6 po. 6 l.

En faisant tenir d'une main un serpent et de l'autre un miroir à cette figure, le sculpteur a suivi les idées de l'iconologie moderne, pour représenter cette divinité allégorique, à laquelle les anciens donnèrent, comme à Janus, deux visages, qui indiquaient le passé et l'avenir; le serpent faisait aussi partie de ses attributs, et l'on sait que ce reptile était regardé comme le symbole de la prudence. Cette statue, d'une exécution soignée, n'est certainement pas exempte de manière dans sa pose, dans son style et dans l'agencement de ses draperies; mais elle offre des détails agréables dans la tête, les pieds, les mains et quelques parties des draperies.

ANGUIER (François), nommé *Anguière* par Piganiol de la Force, élève de Guillain, sculpteur assez médiocre, quitta son maître pour voyager en Angleterre, en Italie. Il alla à Rome, où il se lia avec le Poussin et Stella. Il y acquit assez de talent pour qu'à son retour en France on le chargeât de travaux importans, parmi lesquels on cite une statue de Henri duc de Rohan-Chabot, qui était aux Célestins, et le mausolée de Henri de Montmorenci, à Moulins. On regarde comme un des meilleurs ouvrages de François Anguier le monument qu'il éleva à la mémoire de Henri Ier, duc de Longueville, descendant du comte de Dunois, fils naturel du duc d'Orléans, assassiné en 1407, à Paris, dans la rue Barbette. Ce monument se composait de l'obélisque que nous verrons dans la salle du Puget, et des quatre statues qui font partie de celle-ci; elles étaient placées aux coins de la base de l'obélisque, dans laquelle étaient encastrés les différens petits bas-reliefs que nous avons déjà décrits aux n.ºs 2, 6, 8, 12, 44, 45, et qui, de même que les statues, rappelaient les qualités et les exploits de Henri de Longueville. Il paraît que ce monument fut terminé par les ordres d'Anne Geneviève de Bourbon, duchesse de Longueville, qui le fit servir de mausolée à son mari, Henri II de Longueville, mort en 1663.

ANGUIER (Michel), frère du précédent, né en 1612, mort en 1686. Il étudia aussi sous Guillain, et fit ensuite le voyage d'Italie. Dans un séjour de dix ans à Rome il se voua à l'étude de l'antique, profita des leçons de l'Algarde, et travailla aux sculptures de la basilique de Saint-Pierre. Revenu en France avec un talent supérieur à celui de son frère, il fut chargé d'une grande partie des sculptures du Val-de-Grâce, et il exécuta, entre autres, le groupe de la Nativité, qui passe pour son chef-d'œuvre. C'est aussi de lui que sont, dans les premières salles du musée des antiques, les figures élégantes de ronde bosse et les ornemens qui décorent les plafonds et accompagnent les peintures de Romanelli et de Grimaldi. En 1674, il termina, d'après les dessins de Le Brun, les bas-reliefs de la porte Saint-Denis, qui avaient été commencés par Girardon. Il fut aidé dans ce travail par Van Clève (né en 1645, de l'académie en 1681, mort en 1732), qui avait été élève de François Anguier, et qui, après avoir beaucoup étudié l'antique à Rome, fut très-employé aux sculptures de Versailles, de Marly, de Trianon et de plusieurs églises de Paris. Un des plus beaux ouvrages de cet habile sculpteur est le groupe de la Loire et du Loiret que l'on voit aux Tuileries ; on lui doit aussi la belle copie en bronze de la Nymphe endormie, connue sous le nom de Cléopâtre. *Voyez* d'Argenville.

67. COLONNE DE TIMOLÉON DE COSSÉ. — *Marbre.*
Haut. 3,199^m — 9 p. 10 po. 3 l.

Cette colonne, d'un travail très-soigné et dont le fût est orné des lettres L. D. C. enlacées et couronnées, faisait partie du monument élevé, aux Célestins, à la mémoire de Timoléon de Cossé, comte de Brissac, colonel général de l'infanterie, grand panetier et grand fauconnier de France, tué en 1569, à l'âge de vingt-six ans, au siège de Mucidan, ville du Périgord. Autrefois cette colonne était surmontée d'une espèce d'entablement de mauvais goût, qui supportait un vase renfermant le cœur de Timoléon, et terminé par un cœur enflammé. Aux deux côtés de la colonne, sur un large piédestal, deux petits génies, debout, s'appuyaient sur des écussons, et tout le monument était renfermé dans une espèce de niche carrée ouverte par le haut, et dont les deux côtés étaient ornés de pilastres chargés de trophées en bas-relief. Piganiol de la Force ne nous dit pas de qui était ce monument, d'une composition assez bizarre, mais d'une exécution recherchée dans ses détails.

68. DAVID vainqueur de Goliath. — *Statue en marbre,* par Francheville.
Haut. 1,719^m — 5 p. 3 po. 7 l.

Debout, les jambes croisées, n'ayant pour vêtement qu'une légère draperie qui tombe de ses épaules et est retenue au milieu du corps par une ceinture, le jeune David jouit avec calme du triomphe qu'il a remporté sur son redoutable ennemi ; sa main gauche, à laquelle est suspendue sa fronde, s'appuie sur l'énorme épée du géant, dont la tête est à ses pieds ; il tient encore à la main droite la pierre qui abattit Goliath ; et la peau de lion qui le couvrait, est un trophée de la victoire du courageux berger. On retrouve dans la pose et le style de cette statue beaucoup du caractère de l'école de Michel-Ange et de Jean de Bologne. L'expression de la tête de Goliath est bien celle d'une mort violente, mais le cou offre des détails anatomiques que le sculpteur eût mieux fait de dérober aux yeux.

69. LES GRACES. — *Groupe en marbre*, par GERMAIN PILON.

Haut. 1,453^m — 4 p. 5 po. 9 l.

Ce joli groupe, l'une des plus agréables productions de la sculpture française, faisait partie du monument élevé à la mémoire de Henri II par Catherine de Médicis, qui, par l'allégorie des trois Grâces, avait voulu représenter l'union qui avait régné entre elle et le roi son époux, dont le cœur, auquel le sien devait un jour être réuni, était renfermé dans un vase de bronze doré que supportait le groupe, et qui a été remplacé par celui que l'on voit. Cette allégorie, tirée de la mythologie, était peu convenable à un mausolée chrétien, destiné à être placé dans une église (celle des Célestins) : cependant ces trois Grâces, telles que celles de Socrate, sont vêtues et remplies de décence ; sans l'habitude de voir ainsi groupées les trois déesses compagnes de Vénus, on eût pu y voir l'union des trois vertus théologales, la foi, l'espérance et la charité, si l'inscription gravée sur le piédestal ne disait pas positivement que ce sont les trois Grâces. Ce groupe, et l'endroit où il était, rappellent que l'on voit dans la sacristie de la cathédrale de Sienne celui des trois Grâces entièrement nues. Germain Pilon a tiré avec beaucoup d'habileté celui-ci d'un seul bloc de marbre, et il a déployé dans la manière dont ces trois jeunes beautés se groupent, et dans leurs poses, toute l'élégance et le charme de son talent; les lignes, bien combinées, sont variées sans nuire à l'unité de l'ensemble, et les formes, fines et sveltes, sont en harmonie avec la grâce du sujet. Les draperies, très-légères, ne sont qu'un voile transparent, à travers lequel brillent des charmes qu'elles découvrent avec art. On peut reprocher à ces draperies d'être un peu sèches et cassées; mais c'est un défaut de cette époque, qui tient sans doute beaucoup au costume du temps et au genre d'étoffes qu'avaient sans cesse sous les yeux les sculpteurs, et dont ils se servaient pour draper leurs mannequins. Quelques parties du nu, telles que les mains et les pieds, sont un peu maigres de forme, et accusent des détails d'anatomie que ne présente pas la jeunesse dans toute sa fraîcheur. Ces trois Grâces offrent, dit-on, les portraits de Catherine de Médicis, de la marquise d'Étampes et de Mme de Villeroi.

Les formes contournées et les ornemens du piédestal montrent qu'à cette époque on ne suivait pas dans ces détails les modèles de l'antiquité, et qu'on était loin de sa noble simplicité.

Germain Pilon, que pendant long-temps on a cru de Paris, parce qu'il y passa la plus grande partie de sa vie, était de Loué sur la Vangre, à six lieues du Mans, ainsi que l'a prouvé M. Renouard, dans une lettre à M. Alexandre Le Noir. La ville du Mans avait déjà vu naître plusieurs sculpteurs de talent, entre autres Germain Pilon, père de celui dont nous nous occupons, et dont l'année précise de la naissance est ignorée; mais on sait qu'il mourut en 1590, et qu'il vécut jusqu'à un âge assez avancé; et l'on peut croire qu'il n'était que de quelques années plus jeune que Jean Goujon. Ce fut dans l'atelier de son père que Germain Pilon puisa les premières leçons de son art, et développa les germes du talent que depuis, dans un voyage qu'il fit à Paris, il perfectionna, par les conseils et les exemples de Jean Cousin, du Primatice, de Jean Goujon, dont il devint l'émule et l'ami. Avant de quitter une seconde fois le Maine, vers 1560, il avait exécuté avec succès, en pierre de liais, plusieurs des quarante statues de l'abbaye de Soulesmes, près de Sablé, connues sous le nom des *Saints de Soulesmes*. Une partie de ces statues existaient avant Pilon, et il est probable que quelques-unes étaient l'ouvrage de son père. Attiré à Paris par ses liaisons avec d'habiles sculpteurs et par le désir de coopérer à de grands travaux, il y retourna et s'y fixa jusqu'à sa mort. On lui confia des parties importantes du mausolée de François I.er, qu'il exécuta avec une habileté qui lui mérita d'être entièrement chargé du tombeau élevé par Catherine de Médicis à Henri II. Il y déploya toute la richesse et la grâce de son talent, soit dans les statues, soit dans de grands bas-reliefs qui représentent les œuvres de charité; les figures de ces belles compositions sont en grande partie nues, ainsi que les statues couchées de Henri II et de Catherine de Médicis, ce qui offrit à Pilon les moyens de développer sa science en anatomie. Parmi les nombreux ouvrages de ce grand sculpteur, l'un de ceux à qui la sculpture française dut ses plus beaux temps, on cite le tombeau du chancelier de Birague et de sa femme, Valentine Balbiani; celui qu'il éleva, en 1557, dans la cathédrale du Mans, à Guillaume Langei du Bellay; et plusieurs autres belles statues et des bas-reliefs de différentes églises de Paris, dont on trouve le détail dans Sauval et dans Piganiol de la Force. Germain Pilon sut allier la force avec l'élégance; mais ses figures n'ont pas autant de grandeur et de caractère que celle de Jean Goujon: on peut aussi quelquefois lui reprocher de la manière, par où pèche Primatice, qui eut une grande influence sur ses ouvrages; souvent aussi ses draperies sont lourdes et ne sont pas ajustées avec le goût que Jean Goujon savait mettre dans les siennes.

70. COLONNE D'ANNE DE MONTMORENCI. —
Marbre, par BARTHÉLEMI PRIEUR.

Haut. 2,925^m — 9 p.

Cette colonne torse, en marbre blanc, incrustée de campan isabelle, faisait partie du monument élevé, dans l'église des Célestins, à la mémoire du connétable Anne de Montmorenci ; elle supportait une urne de bronze dans laquelle devaient être renfermés son cœur et celui de Henri II, qui avait voulu que le sien fût réuni à celui du général qui l'avait si bien servi. Ce monument, du travail le plus soigné et le plus délicat, mais d'un goût peu sévère, fut dessiné par Jean Bullant, et exécuté, ainsi que le reste du monument, par Barthélemi Prieur, sculpteur qui avait de grandes obligations au connétable, et qui mit, dit-on, vingt ans à terminer ce morceau et trois statues de bronze placées aujourd'hui dans la dernière salle de cette galerie, et qui l'étaient autrefois au pied et de chaque côté de la colonne.

ANNE DE MONTMORENCI, né en 1463, fait maréchal de France en 1521, pour la belle défense de Mézières contre Charles-Quint, fut nommé connétable en 1538, et il exerça cette première charge de France sous François Ier, Henri II, François II et Charles IX. Guerrier du plus grand courage, sévère jusqu'à la cruauté, la victoire ne le favorisa pas toujours, et plus d'une fois il fut battu et fait prisonnier. Il finit, en 1557, sa brillante carrière à la bataille de Saint-Denis, où il fut tué après des prodiges de valeur. On rendit les plus grands honneurs à sa mémoire ; ses funérailles furent aussi magnifiques que celles des rois ; plusieurs monumens publics et particuliers s'érigèrent à sa gloire, et entre autres on lui éleva une statue équestre en bronze à Chantilly. Amateur et protecteur des beaux-arts, Anne de Montmorenci leur rendit de grands services, et, en secondant le goût de François Ier et de Henri II, il contribua à les faire fleurir. Disgracié de 1540 à 1545, il adoucit son exil en embellissant avec luxe et élégance Écouen, qu'il avait fait bâtir par Jean Bullant, et que Germain Pilon, Barthélemi Prieur et Bernard Palissy ornèrent de sculptures et de beaux vitraux : ce fut pour ce château que ce dernier fit ceux qui représentent l'histoire de Psyché, d'après les dessins de Raphaël.

Jean Bullant, architecte et sculpteur d'un rare mérite, fit ses efforts pour ramener l'architecture aux principes des Grecs, et pour s'opposer à l'influence du goût gothique, qui régnait depuis long-temps en France. Il bâtit non-seulement Écouen, mais il en exécuta en grande partie les sculptures d'ornement, remarquables par leur grâce et la pureté de leur dessin ; il travailla aussi aux Tuileries. Parmi ses autres ouvrages, on cite la colonne de la Halle au blé, que Catherine de Médicis fit élever pour servir à ses observations astrologiques, et l'hôtel de Carnavalet, terminé par du Cerceau, et où l'on voit encore des sculptures de Jean Goujon. On consacra aussi dans la belle église de Saint-Martin, à Montmorenci, une chapelle et un mausolée au connétable. Jean Bullant et Prieur furent chargés de ce beau monument, qui, commencé par François duc de Montmorenci et Jean Bullant, fut continué par le connétable Henri de Montmorenci et sa veuve, Marie-Félix des Ursins, d'après les dessins de cet habile architecte. On y avait employé des colonnes de vert antique d'une beauté remarquable, et dont plusieurs décorent aujourd'hui le musée des antiques.

La vie de Barthélemi Prieur est peu connue ; on sait seulement qu'il fut élève de Germain Pilon, et que le connétable Anne de Montmorenci le protégeait d'une manière particulière et le fit beaucoup travailler. Si l'on ne connaissait de lui que cette colonne torse et celle qu'il fit dans l'église de Saint-Cloud pour le monument de Henri III, elles ne l'offriraient que comme un praticien habile dans le genre de l'ornement ; mais on a de lui quelques statues qui ne sont pas sans mérite. Celles du connétable Anne de Montmorenci et de sa femme Madeleine de Savoie, qui ornaient leur monument, étaient très-belles. Deux beaux bustes de Henri III et de Henri IV (n.ºs 14 et 26) prouvent que Prieur rendait la nature avec vérité et sentiment, et que son exécution était franche et facile. Ce sculpteur fit plusieurs copies de statues antiques, et il paraît qu'il fut le premier qui restaura la Diane à la biche.

71. LA JUSTICE. — *Statue en marbre*, par François Anguier.

Haut. 1,483^m — 4 p. 6 po. 10 l.

La déesse, représentée sous la figure d'une femme d'une beauté sévère, la tête couverte d'un voile qui enveloppe une partie du corps et se confond avec le manteau, tient à la main les faisceaux et la hache, et semble jeter un regard de compassion sur les malheureux qu'elle est forcée de condamner. On pourrait reprocher à cette figure, qui offre de bons détails, sur-tout dans les draperies, d'en être trop surchargée, et de n'être pas assez simple de pose; elle faisait partie du monument de Longueville.

La cheminée qui fait un des principaux ornemens de cette salle, est remarquable par la richesse de ses détails et de ses arabesques, d'un beau travail, où l'on retrouve le goût d'ornemens du temps de François Ier et de Henri II. Elle est composée de divers fragmens raccordés par M. Fontaine dans un ensemble bien combiné et qui offre un bel accord avec l'architecture qui l'accompagne.

72. Dans le BAS-RELIEF supérieur, S. George, armé de toutes pièces, la visière haute, monté sur un vigoureux coursier, combat et perce de sa lance un énorme dragon; dans le lointain, une femme à genoux invoque le ciel pour l'heureuse issue du combat. Ce bas-relief, d'une grande saillie et d'un travail soigné, offre des détails précieux du costume des chevaliers : il est attribué à Paul-Ponce, et vient du château de Gaillon, où il se trouvait très-bien placé, comme offrant le patron du cardinal George d'Amboise. On l'avait fait entrer aux Petits-Augustins comme ornement du soubassement du mausolée de Philippe de Commines, ministre de Louis XI.

Le même sujet a été traité, mais avec plus de mouvement, par Raphaël, dans son joli tableau de S. George. *Voyez* le *Musée de Filhol,* v. 1, pl. 19.

Haut. 1,238ᵐ — 3 p. 9 po. 10 l.; larg. 1,848ᵐ — 5 p. 8 po. 4 l.

73. Le BAS-RELIEF inférieur représente Jésus-Christ prêt à être mis au tombeau. Il est en pierre de liais, et sculpté par Jean Goujon.

Haut. 0,677ᵐ — 2 p. 1 po.; larg. 1,848ᵐ — 5 p. 8 po. 4 l.

Joseph d'Arimathie et un disciple de Jésus-Christ, après l'avoir descendu de la croix, le soulèvent pour l'envelopper d'un linceuil. Ce groupe est placé en avant comme sujet principal; mais la Sainte-Vierge, sur le second plan, occupe le milieu de la composition et attire aussi les regards; elle est évanouie de douleur, et S. Jean la soutient : auprès d'elle, de saintes femmes laissent un libre cours à leur affliction. L'on ne peut trop faire remarquer et trop louer dans ce bas-relief, l'une des meilleures productions de Jean Goujon, le talent avec lequel ce grand maître a su disposer ses groupes et les lier, ordonner ses plans et leur donner leur effet avec très-peu de saillie : cet effet doux et calme convient à cette scène de douleur. Les expressions des têtes, leur ajustement, sont variés, et remplis de cette dignité et de cette grâce que Jean Goujon savait si bien répandre sur tous les sujets qu'il traitait. Le dessin des figures, noble et pur, présente un beau modèle dans le corps de Jésus-Christ : les plans en sont savamment dessinés; la tête doucement penchée, les bras et le torse, sont empreints de tout l'abandon de la mort, et d'une mort calme et qui ressemble au sommeil; la tête a conservé toute la beauté et la douceur qui convenaient à l'homme-dieu s'offrant comme une victime volontaire pour le salut du monde. La douleur de la Sainte-

Vierge est au comble, mais elle est résignée. Si l'on passe à quelques autres détails, on remarque les mains des femmes, qui ont une grâce particulière à Jean Goujon : l'agencement et le travail des draperies sont très-soignés ; elles sont traitées dans ce style que ce maître s'était fait, et qui n'est ni l'antique ni ce que l'on faisait de son temps : on pourrait les trouver un peu trop égales dans la disposition des masses de leurs plis, et pas assez variées de caractère ; mais peut-être, dans cette occasion-ci, Goujon avait-il voulu porter l'effet et fixer l'attention sur la figure de Jésus-Christ et sur l'expression des personnages de cette scène, plutôt que sur les autres détails de la composition.

74. LA TEMPÉRANCE. — *Statue en marbre*, par FRANÇOIS ANGUIER.
Haut. 1,410^m — 4 p. 4 po. 2 l.

Cette figure, d'une expression douce, tient à la main un mors ou un frein, emblème de la vertu qu'elle représente. On pourrait desirer plus de simplicité dans la pose, et dans les draperies plus de légèreté et un meilleur goût d'ajustement ; mais la tête, d'un caractère agréable, et les extrémités, offrent de jolis détails. Cette statue faisait partie du monument du duc de Longueville.

75. HOMÈRE. — *Statue en marbre*, par ROLAND.
Haut. 1,979^m — 6 p. 1. po. 2 l.

Se livrant à ses inspirations célestes, le poète divin, dans le costume que les anciens donnaient aux héros, chante ses poèmes en les accompagnant de sa lyre ; à ses pieds et auprès de lui sont les couronnes que ses chants lui ont méritées : il errait de contrée en contrée ; auprès de lui est le bâton du voyageur. Cette belle figure, bien pensée et d'un dessin correct, fait honneur au talent de Roland, dont on a plusieurs autres bons ouvrages, entre autres ses bas-reliefs du second des trois nouveaux petits frontons du Louvre. Il y a représenté avec un grand talent et beaucoup de caractère, la Victoire et l'Abondance, la Force et la Sagesse, le Nil et le Danube.

76. LA FORCE. — *Statue en marbre*, par FRANÇOIS ANGUIER.

Haut. 1,480^m — 4 p. 6 po. 9 l.

Coiffée de la peau de lion d'Hercule, et soulevant avec facilité sa pesante massue, cette femme, d'un aspect imposant, offre le symbole de la force. Sa pose, son ajustement et ses détails présentent les mêmes qualités et les mêmes défauts que les trois autres figures du même sculpteur ; de la manière dans l'attitude et les draperies, et une exécution assez soignée.

Les masques de lion groupés avec des cornes d'abondance, au-dessus des portes, indiquent par leur style qu'ils proviennent de quelque édifice du temps de François Ier ou de Henri II.

SALLE DU PUGET.

77. MILON DE CROTONE. — *Groupe en marbre*, par PIERRE PUGET.

Haut. 2,700^m — 8 p. 3 po. 10 l.

Cet athlète, l'un des plus célèbres de l'antiquité, fils de Diotime, naquit à Crotone, ville de la grande Grèce, du temps de Pythagore, dont il fut disciple, et qui luimême avait été athlète avant de se consacrer à la philosophie. Milon, comme un autre Hercule, était d'une force prodigieuse, et les auteurs anciens, entre autres Pausanias et Athénée, en citent des traits extraordinaires.

Sa supériorité était si bien reconnue et inspirait un tel effroi, qu'il ne trouvait plus de concurrens dans les grands jeux de la Grèce, où il se vit souvent couronné sans combattre. Il paraît qu'à la force il joignait un grand courage et des talens militaires qui lui méritèrent le commandement des troupes de Crotone dans ses guerres contre les habitans de Sybaris. Mais, parvenu à un âge où ses forces n'étaient plus les mêmes, et y ayant trop de confiance, Milon entreprit un jour d'achever de fendre, avec le seul secours de ses mains, un tronc d'arbre qu'on avait commencé à séparer avec des coins. L'arbre cédait à ses efforts; mais, les coins s'étant dégagés, il se rejoignit avec violence; les mains de l'athlète se trouvèrent prises, il lui fut impossible de les retirer. Livré sans défense aux attaques des bêtes féroces, l'infortuné Milon devint la pâture vivante des loups ou d'un lion.

Dans ce groupe, l'un des chefs-d'œuvre de la sculpture moderne, et qui, si l'on y retrouvait la noblesse de formes et de proportions des anciens, pourrait rivaliser avec leurs plus beaux ouvrages, par l'énergie de son expression et la vie dont il est animé, le Puget a saisi le moment où un lion se précipite sur Milon, à qui la défense est devenue impossible, s'y cramponne, l'accable de son poids et le dévore. La douleur est à son comble; rien ne peut soustraire le malheureux athlète à toute l'horreur de son sort. Tandis qu'il se consume en efforts impuissans pour dégager sa main, et que, dans la convulsion de la souffrance, il tourne inutilement ses regards désespérés vers le ciel qu'il invoque en vain par ses cris, l'animal féroce s'acharne à sa proie et la déchire; encore quelques instans, et ce Milon, sept fois vainqueur aux jeux olympiques, et six fois aux jeux Pythiens, aura succombé dans une lutte où l'on voit qu'il eût été victorieux s'il eût pu déployer ses forces.

Pierre Puget, né à Marseille, en 1622, était fils de Simon Puget, architecte, dont la famille, ancienne en Provence, avait donné plusieurs magistrats à cette province. Dès sa jeunesse, un goût prononcé pour les arts le porta à suivre cette carrière, dans laquelle, faute de guides habiles, il ne fit d'abord que peu de progrès. Doué d'un génie ardent, il voulait tout embrasser. La peinture reçut ses premiers hommages; il s'adonna ensuite aux constructions navales, et à quinze ans il fit une galère qu'il orna de grandes figures sculptées. Un premier voyage en Italie ne lui fut pas très-utile, quoiqu'il annonçât déjà des talens et même de la pratique; et il se trouva à Florence dans un état voisin de la misère, et obligé de travailler, chez un sculpteur en bois, à des meubles dont on ne le chargeait qu'avec défiance. Enfin il put arriver à Rome, et admis auprès de Piètre de Cortone, celui-ci ne tarda pas à distinguer son mérite, conçut pour lui de l'affection, et l'employa à Rome et aux travaux du palais Pitti à Florence. Pour le retenir près de lui, il lui offrit sa fille en mariage. Puget n'accepta pas ses offres, et, ne soupirant qu'après la France, en 1643 il revint à Marseille, et de là à Toulon, où il fut chargé par le duc de Brézé, amiral de France, de diriger la décoration des constructions navales. Quelque temps après, envoyé à Rome par la reine Anne d'Autriche pour y faire des dessins de monumens antiques, Puget s'y livra avec passion à l'étude de l'antiquité, et, aspirant à la triple gloire de Michel-Ange, dont la vigueur de son génie le rapprochait, il voulut, comme lui, réunir l'architecture, la peinture et la sculpture. De retour en France en 1653, il fit, pour Marseille, Aix, Toulon, des projets de vastes édifices, de rues entières, des tableaux de grandes dimensions pour des églises, et une foule de tableaux de chevalet, que l'on voit, ainsi que ses dessins, dans les collections de MM. Boyer d'Aguilles, Mazeran de la Roquette, le marquis de Panisse, de Bourguignon, de Fabregoules et le marquis de Lagoy (1). Mais, en 1655, Puget, forcé par sa santé

---

(1) On trouve des détails sur la vie et les ouvrages de Puget dans le long et bon article qu'a écrit sur lui, dans la *Biographie universelle*, M. Émeric David, et d'où j'ai tiré en grande partie ce que je dis ici. Il y a aussi beaucoup de choses dans d'Argenville.

d'abandonner la peinture, se livra entièrement à la sculpture. Je ne le suivrai pas dans les voyages qu'il fit à Paris, et dans les ouvrages qu'il exécuta à Vaudreuil pour le marquis de Girardin, et, d'après la recommandation de Le Pautre, à Vaux-le-Vicomte, pour le surintendant Fouquet, qui l'envoya à Carrare acheter des marbres. Lors de la disgrâce de ce ministre, Puget s'établit à Gênes, où il vécut plusieurs années, entouré de la considération des plus grandes familles, et leurs palais, ainsi que les églises de Gênes, sont très-riches en ouvrages de ce grand maître. En 1669, il quitta cette ville, qui était devenue pour lui une autre patrie, pour venir remplir une seconde fois la place de directeur des décorations des constructions navales, que lui donna Colbert, à Toulon, où les travaux de la marine, auxquels il se livra avec zèle, ne l'empêchèrent pas de travailler pour les églises et les particuliers. Puget, à qui la fierté de son génie faisait aimer les figures de grande proportion, put lui donner un libre essor dans la composition des poupes, des galeries et des vaisseaux de haut bord; c'est à lui que la marine française doit la richesse et la beauté de l'arrière de ses grands bâtimens, et l'on conserve avec respect à Toulon, comme modèles, des figures bien entendues et d'un grand aspect, qu'il avait faites pour plusieurs vaisseaux. La décoration des vaisseaux de guerre admet de grands bas-reliefs et des figures de ronde bosse qui peuvent avoir jusqu'à vingt pieds de proportion; il serait à désirer que la composition et l'exécution en fussent confiées à des sculpteurs de grand talent, et ces bâtimens ainsi décorés porteraient au bout du monde la gloire de la sculpture française.

Ce fut en 1673, et pour s'exercer sur un sujet qui convenait à la vigueur de son génie, que le Puget fit le groupe de Milon, que Colbert lui demanda en 1683, d'après ce que lui en avait rapporté le Nôtre. Ce chef-d'œuvre, reçu à Versailles avec enthousiasme par Louis XIV et par sa cour, eût dû faire la fortune du Puget, comme il faisait sa gloire; mais l'accueil flatteur qu'il reçut lorsqu'il fut présenté au roi, la médaille d'or que ce prince lui donna, l'amitié de Le Brun, qui, loin d'être jaloux de ses succès, fut un de ses plus chauds admirateurs, les éloges que le Berni avait faits de lui à Louis XIV, ne procurèrent pas à Puget les avantages qu'il aurait dû en retirer, et ce qu'on lui donna pour plusieurs de ses statues, entre autres pour le Milon et l'Andromède, le dédommagea à peine des frais qu'elles lui avaient coûtés.

Traversé par l'intrigue et la jalousie, le Puget ne fut pas assez heureux pour voir exécuter les vastes projets qu'il avait proposés pour l'embellissement de Versailles, ni ceux qu'il avait faits pour une statue équestre de Louis XIV, destinée à la ville de Marseille, et l'on incendia sous ses yeux l'arsenal magnifique qu'il avait commencé à élever à Toulon. Dégoûté par tant de revers, que son caractère bouillant, emporté, et quelquefois singulier, lui rendait insupportables, Puget se retira à Marseille, où, au milieu d'un petit cercle d'amis choisis et d'amateurs des beaux-arts, ne cultivant la sculpture que pour son plaisir, et se livrant à la musique, qu'il aimait avec passion, il trouvait dans les arts et dans l'amitié des consolations à ses chagrins, et ce grand artiste, l'honneur de sa patrie et la gloire de l'école française, qui n'avait été ni apprécié, ni récompensé comme il aurait dû l'être, mourut en 1694, avant d'avoir pu terminer le bas-relief de la Peste de Milan, dernier ouvrage de sa retraite, et l'une de ses productions les plus remarquables.

Puget, architecte, peintre, sculpteur, est un des artistes qui ont le plus illustré le règne de Louis le Grand. Son caractère fier et indépendant le portait vers tout ce qui était grand et sublime ; c'était le sentiment encore plus que la science qui le dirigeait : aussi ses ouvrages sont-ils empreints de cette variété qui naît des impressions vives. C'était moins la beauté des formes qu'il recherchait, que l'expression des passions et des affections de l'ame, et pour lui la force était la beauté. Souvent aussi Puget est incorrect, mais toujours rempli d'énergie, de sensibilité et de mouvement. En peinture, son exécution est chaude et brillante, sa couleur fine et transparente. Dans ses sculptures, ses poses et ses mouvemens, la charpente de ses figures, sont justes, pleines de vie et d'action ; mais il pèche quelquefois par une musculature trop sentie et des contours un peu tourmentés. Il se jouait avec le marbre, et, comme il le dit lui-même, « nourri aux grands ouvrages, il nageait lorsqu'il

» y travaillait, et le marbre tremblait devant lui, pour grosse » que fût la pièce. » Si à toutes ces qualités, qui placent Puget au rang des premiers sculpteurs, il eût pu joindre cette beauté et cette pureté de formes, premiers principes des sculpteurs grecs, il les eût peut-être égalés, et il aurait laissé bien loin derrière lui les plus grands maîtres des écoles d'Italie, dont il peut, malgré quelques imperfections, soutenir avec avantage le parallèle.

Parmi les belles productions du Puget, on admire à Toulon les beaux Atlas qu'il fit à l'hôtel de ville, et à Marseille, les anges qui, dans le fronton de l'hôtel de ville, soutiennent les armes de France; Persée et Andromède, à Versailles; Alexandre et Diogène, bas-relief; un Hercule gaulois qui était à Sceaux, celui de Vaudreuil, ainsi que la statue de la Terre couronnée par Janus. On montre de lui à Gênes, parmi d'autres ouvrages, la statue de S. Sébastien et celle du bienheureux Alexandre Sauli.

Il paraît que le Puget ne forma pas d'école; car parmi ses élèves on ne cite que Christophe Veyrier et Baptiste, sculpteurs peu connus, et qui ne sortirent pas de Provence, et Marc Chabry, né en 1660, à Barbantane, peintre et sculpteur, et dont on voit à Lyon plusieurs ouvrages recommandables, qui l'avaient fait nommer sculpteur du roi à Lyon.

78. L'AMOUR ET PSYCHÉ. — *Groupe en marbre de Carrare*, par CANOVA.

Psyché abandonnée, persécutée, s'est jetée, les cheveux épars, sur un rocher: dans son désespoir, elle invoque la mort qu'éloigne d'elle la cruelle Vénus, qui veut prolonger sa vengeance et les souffrances de sa victime; auprès d'elle est le vase dans lequel on l'avait condamnée à aller puiser de l'eau du Styx. L'Amour l'aperçoit; la beauté, la douleur de celle qu'il a abandonnée, raniment son ardeur; il dirige son vol vers elle, et, la soutenant au moment où elle se précipitait dans un abîme, il la serre entre ses bras, la relève en lui prodiguant mille caresses, et les deux jeunes amans vont oublier toutes leurs peines. Ce groupe offre de charmans détails, remplis de grâce et de jeunesse ; formes coulantes et onduleuses, emmanchemens fins, extrémités pleines de délicatesse, profils d'une grande pureté, expression d'une volupté douce et naïve. Rien de plus simple que les mouvemens de ces deux jolies figures, surtout de celle de Psyché. Peut-être pourrait-on trouver que la disposition du groupe est inférieure à la composition et à l'exécution ; on regrette qu'il ne soit pas combiné de manière à présenter plusieurs points où il se développe bien, et il est fâcheux qu'il n'en offre presque pas d'où l'on puisse saisir son ensemble sans perdre une grande partie de ses beautés de détail, et sans rencontrer des raccourcis peu heureux. Il est inutile de faire remarquer la variété que Canova a mise dans le travail de ses draperies, et dont il a été question ailleurs. Avant d'être placé au Musée, ce groupe faisait l'ornement du château de Compiègne.

79. LA PAIX.—*Statue en bronze,* par BARTHÉLEMI PRIEUR.
Haut.1,192^m. — 3 p. 8 po. 1 l.

La déesse met le feu à un monceau d'armes. Cette statue, à la pose de laquelle on peut reprocher un peu de manière, a cependant de bonnes parties, qui annoncent dans Prieur le goût et l'étude de l'antique ; elle faisait partie du monument du connétable de Montmorenci, ainsi que les deux autres statues de bronze de cette salle et la colonne du n.° 69. Le piédestal de cette statue est en beau cipolin vert.

80. BUFFON. — *Buste en marbre*, par PAJOU.
Haut. 0,739^m — 2 p. 3 po. 4 l.

Cette tête, dont les plans sont bien accusés, a beaucoup d'expression, et l'on croit y trouver l'empreinte du génie observateur de notre grand naturaliste.

81. UNE NYMPHE. — *Bas-relief en pierre*, par JEAN GOUJON.

Haut. 0,739m. — 2 p. 3 po. 4 l.; larg. 1,975m — 6 p.

Une draperie légère, enflée par le vent, sert de voile à la coquille qui porte doucement cette nymphe sur les eaux; auprès d'elle, un petit génie, monté sur un cheval marin, joue avec deux poissons qu'il vient de prendre. Ce joli bas-relief, d'un dessin élégant, d'une saillie très-douce et qui convenait à l'architecture dont il faisait partie, ornait, avec les deux autres de cette salle, le soubassement de la fontaine des Innocens, qui autrefois versait une masse d'eau moins considérable qu'aujourd'hui. Lors du déplacement et de la restauration de cette fontaine, on a pensé avec raison que l'eau coulant avec abondance détruirait ces bas-reliefs précieux, et on les a conservés en les enlevant.

82. JEAN-AUGUSTE DE THOU. — *Buste (tête en marbre blanc, corps en marbre rouge)*, par FRANÇOIS ANGUIER.

Haut. 0,704m — 2 p. 2 po.

Cette tête, qui offre le portrait d'un des meilleurs historiens de France, est d'un beau caractère, pleine de vérité et de vie dans son ensemble et dans les détails; les oreilles sur-tout sont remarquables. François Anguier, à qui on la doit, avait élevé un beau mausolée à ce grand magistrat, dans l'église de Saint-André des Arcs, où étaient les tombeaux de cette famille illustre dans le parlement de Paris.

Colonne de marbre noir veiné de blanc, sur laquelle

est une tête antique médiocre de Galba, couronné de laurier.

83. PEYRESC. — *Buste en marbre blanc*, par FRANCIN fils.

Haut. 0,677ᵐ — 2 p. 1 po.

Ce buste, bien modelé, offre le portrait de Peyresc, l'un des savans les plus illustres dont s'honore la France. Il s'occupa beaucoup de l'antiquité, et il est le premier qui ait reconnu un sujet romain dans le superbe et immense musée de la bibliothèque royale, connu sous le nom d'*agate de la Sainte-Chapelle*, et qui représente l'apothéose d'Auguste.

84. VOLTAIRE. — *Buste en marbre*, par M. HOUDON, membre de l'académie des beaux-arts.

Haut. 0,650ᵐ — 2 p.

M. Houdon, qui a souvent exercé son talent sur des statues et des portraits de Voltaire, a su exprimer avec esprit et sentiment, dans celui-ci, la vivacité, la malignité et le génie qui animaient les regards, les lèvres et toute la physionomie de cet immortel écrivain, même dans un âge très-avancé. Il existe un grand nombre d'ouvrages remarquables de M. Houdon, entre autres, la Diane en bronze, que l'on voit dans la cour de la bibliothèque royale; une jolie statue connue sous le nom de *la Frileuse*; deux statues de Voltaire, dont l'une est placée dans la bibliothèque de l'institut; beaucoup de bustes d'une grande vérité, et parmi lesquels on cite ceux de Franklin et de l'abbé Barthélemy.

85. OBÉLISQUE du monument de Henri de Longueville. — *Marbre*, par FRANÇOIS ANGUIER.

Haut. 4,353ᵐ — 13 p. 5 po.

En faisant cet obélisque, qui surmontait le monument du duc Henri de Longueville, dont il a été question plusieurs fois, on dirait qu'Anguier a moins songé à montrer du goût dans sa composition, qui est lourde et surchargée, qu'à donner une preuve de son habileté à travailler le marbre dans cette multitude d'ornemens, qui, en général, sont très-bien exécutés : il y a réuni, en l'honneur de son héros, les emblèmes de tous les arts de la paix et de la guerre, et de toutes les vertus. On peut remarquer sur la face du côté qui regarde la cheminée, de jolis génies qui soutiennent une lyre destinée à célébrer les exploits du héros, et surmontée d'un livre où ils doivent être inscrits. Le tout est terminé par une couronne ducale, unie à celles que lui ont méritées ses hauts faits; par un globe céleste, symbole de l'immortalité, et par les trophées des arts de la scène, qui le préconisent à l'envi. Sur le côté opposé, la Sculpture, dans une attitude fière et animée, foulant aux pieds le serpent de l'Envie, travaille au buste colossal du duc de Longueville. L'ensemble du monument, composé de cet obélisque, des quatre statues et des bas-reliefs que nous avons déjà vus, pouvait produire un assez bon effet, par la masse, et quelque plaisir par ses détails; mais on peut reprocher à Anguier de les avoir prodigués, et d'avoir mis trop de manière dans son style.

86. GLUCK. — *Buste en marbre*, par FRANCIN.

Haut. 0,798^m — 2 p. 5 po. 6 l.

Cette sculpture, qui paraît à peine ébauchée, mais qui offre une certaine chaleur d'exécution, convient assez au caractère de physionomie de ce grand compositeur, dont les traits, pleins de feu, mais rudes, étaient loin de retracer la beauté, le brillant de son génie et de ses vastes et sublimes conceptions.

87. VIEN. — *Buste en marbre.*

Haut. 0,798ᵐ — 2 p. 5 po. 6 l.

C'est à M. Vien que l'on doit la nouvelle école française, qu'il fit sortir de la fausse route où l'avaient fourvoyée les peintres et les sculpteurs du règne de Louis XV. Il reporta les études vers l'antique, et chercha à faire suivre les principes qui avaient guidé les grands maîtres des écoles d'Italie. Donnant une meilleure direction à l'étude du modèle vivant, il réforma en partie le mauvais goût qui régnait dans les draperies, et contribua enfin à rendre à la peinture historique, sur-tout à celle qui traite les sujets de l'antiquité, le caractère et le costume qui lui conviennent. On peut dire que la scène tragique lui eut la même obligation, tant pour les costumes des personnages, que pour l'architecture et les accessoires ; les héros du théâtre redevinrent Grecs et Romains, et imitèrent ceux qu'offrirent la peinture et la sculpture. Quoiqu'on puisse encore trouver dans les ouvrages de Vien des traces très-prononcées du goût et de la manière qu'il voulait réformer, cependant il rendit à l'école française le grand service de lui montrer une bonne route, et on lui doit les grands maîtres qui depuis lui ont fait honneur en mettant en pratique et en perfectionnant ses principes. Les talens de Vien, et les progrès qu'il avait fait faire à la peinture et à la sculpture, furent récompensés par la dignité de sénateur.

Une colonne de marbre noir veiné de blanc porte un buste d'après l'antique, auquel on a donné à tort le nom de Cicéron ; il est d'un sculpteur italien nommé Bianchi, qui a inscrit par derrière son nom traduit en grec.

Sur une colonne du même marbre, buste en marbre, dont la tête, en albâtre oriental, est celle d'un personnage romain inconnu. Les yeux sont travaillés d'une manière particulière; la prunelle est formée, dans toute sa grandeur, par une excavation hémisphérique. La beauté de la matière de cette tête peut faire croire que c'est le portrait de quelque personnage distingué du troisième ou quatrième siècle, époque à laquelle le travail de ce buste peut le faire placer.

88. LE MARÉCHAL DE SAXE. — *Buste en marbre,* par PIGALE.

Haut. 0,798^m — 2 p. 5 po. 6 l.

On aime à retrouver dans ce buste les traits d'un héros dont la vie fut en partie consacrée à la gloire de la France, au service de laquelle il s'était attaché, et dont les armées, sous ses ordres, firent en Flandre d'importantes conquêtes. Vainqueur à Fontenoi, à Raucoux, à Lawfelt, il contribua par ses succès à la paix d'Aix-la-Chapelle, et mérita, par son génie militaire, sa valeur, et les regrets qu'il laissa à sa seconde patrie, qu'elle rendît de grands honneurs à sa mémoire, et qu'on lui élevât à Strasbourg un superbe monument.

PIGALE (Jean-Baptiste), né en 1714, reçu à l'académie en 1744, mort recteur en 1785.

Élève d'abord de Le Lorrain, de l'école de Girardon, il entra dans celle de Le Moyne, où, par les funestes principes de ce maître, son talent ne pouvait que décroître. Ses progrès furent peu rapides; il alla en Italie avec Guillaume Coustou le fils, et y étudia pendant trois ans l'antique, avec une grande assiduité; de retour, son talent ne lui procurant pas assez d'ouvrage, il fut pendant cinq ans, pour ainsi dire, dans l'indigence, et travaillait comme praticien pour d'autres sculpteurs; enfin, M. d'Argenson et Mme de Pompadour, l'ayant connu, le firent travailler. Il fit pour Berlin un Mars et une Vénus, et fut chargé de grands travaux. A Strasbourg, il fit le mausolée du maréchal de Saxe, très-grande composition, d'un effet imposant; pour Reims, la statue de Louis XV. Ce fut lui qui termina celle du même roi, commencée par Bouchardon, que l'on voyait autrefois à la place Louis XV ; les quatre figures en bronze, ainsi que les trophées du piédestal, étaient de lui. Une figure de jeune fille qui se tire une épine du pied, passe pour un de ses meilleurs ouvrages. Dans sa statue de Voltaire, que l'on voit à l'Institut, il montra beaucoup de mauvais goût, en nous l'offrant nu et d'une maigreur repoussante, avec tous les signes de la décrépitude. Ce n'est pas ainsi que les anciens auraient représenté un vieillard, un poète tel que Voltaire, et leurs statues d'Homère témoignent assez qu'ils eussent su mettre dans celle-ci plus de dignité, plus de poésie. Le mausolée du duc d'Harcourt, à Notre-Dame, offrit le même manque de convenance, et la vérité d'un squelette détruisait tout ce que ce monument aurait pu avoir de noble et d'imposant. Pigale, dans ses attitudes, ses expressions et ses draperies, avec quelques beautés, présente tous les défauts de son époque, et il n'a pas peu coopéré à la chute de son art sous le règne de Louis XV. Parmi les élèves de ce sculpteur, on nomme Mouchy, Moette, Boquet, Le Brun, et Dupré, qui a travaillé à l'hôtel de la Monnaie et à Sainte-Geneviève. *Voyez* d'Argenville.

89. L'AMIRAL COLIGNY. — *Buste en marbre blanc*, par Jean Goujon.

Haut. 0,650m — 2 p.

Ce beau buste a été tiré du monument élevé à la mémoire de ce grand capitaine, l'un des chefs du parti protestant, et qui, lors de la Saint-Barthélemi, fut massacré dans sa maison de la rue Béthizy. S'il est de Jean Goujon, comme on le croit, il est probable qu'il n'avait pas été destiné à orner le mausolée de l'amiral, et qu'il fut fait, long-temps avant sa mort, par ce grand sculpteur, tué le même jour que Coligny.

La belle cheminée dans la composition de laquelle M. Fontaine a fait entrer ce buste, est de Germain Pilon, et provient du château de Villeroi, que cet artiste avait enrichi de superbes sculptures. Il est difficile de voir des ornemens mieux combinés, d'un dessin plus élégant, et d'un travail plus soigné dans toutes ses parties. Les figures de femmes se font remarquer par la noblesse de leurs poses, la grâce et la dignité de leurs têtes, et la pureté de leurs formes. Les mains et les pieds sont d'une grande finesse, et l'on y reconnaît le style de Germain Pilon, que l'on retrouve aussi dans les draperies, qui peuvent être comparées à celles des trois Grâces: mais celles des cariatides paraissent mieux entendues, et, accompagnant avec plus de moëlleux les contours, font aussi mieux valoir la beauté du nu. L'amour qui, sur le sommet de cette composition, soutient un écusson, est charmant de pose et d'exécution. Les faunes ailés, par leurs figures grotesques et leur travail spirituel et heurté, contrastent avec ces jolies cariatides, et sont en harmonie avec les bas-reliefs en arabesques qui ornent les différentes parties de cette cheminée, où les fruits, les fleurs, les moindres détails sont traités avec soin, et qui ferait regretter que le talent de nos bons sculpteurs ne soit plus employé à décorer avec cette richesse les cheminées des grands appartemens de nos palais.

90. COLBERT. — *Buste en marbre,* par Michel Anguier.

Haut. 0,798^m — 2 p. 5 po. 6 l.

Anguier a montré du talent dans ce buste, d'une exécution large et facile, soigné dans ses détails, et qui offre avec vérité les traits d'un des plus grands ministres qu'ait eus la France. Protecteur des arts, qu'il encouragea de tout son crédit en secondant les grandes vues de Louis XIV, c'est à lui que les jeunes artistes doivent l'établissement du grand prix et de l'académie de Rome, en 1661.

La colonne de marbre qui est dans l'angle supporte un buste antique.

91. NYMPHE. — *Bas-relief en pierre*, par JEAN GOUJON.

Haut. 0,740^m — 2 p. 3 po. 4 l.; larg. 1,975^m — 6 p. 1 po.

Cette nymphe, d'un dessin élégant, nonchalamment couchée dans une large coquille, et auprès de laquelle joue un amour monté sur un monstre marin, ornait le soubassement de la fontaine des Innocens, de même que le bas-relief que nous avons vu au n.° 78.

92. L'ABONDANCE. — *Statue en bronze*, par BARTHÉLEMI PRIEUR.

Haut. 1,250^m — 3 p. 10 po. 3 l.

Tenant de la main gauche la corne remplie de fruits à laquelle on a donné son nom, la déesse offre de la droite des épis de blé. Sa pose a de la dignité, et la tête est belle, bien ajustée, mais peut-être un peu petite pour le corps; c'est, au reste, le caractère de l'école de Germain Pilon. Dans quelques parties, sur-tout dans le haut de la figure, les draperies sont assez dans le goût antique; dans d'autres, Prieur s'en est éloigné, et l'on voit qu'il ne l'avait pas encore assez étudié. Les sculpteurs anciens avaient pour principe d'opposer de grandes masses entre elles; lorsqu'une draperie accuse la forme de l'une des deux cuisses, l'autre, en général, est cachée par des plis qui n'en laissent voir que le mouvement : ici, les deux cuisses se dessinent également, et la masse de plis qui tombe de la ceinture et sépare perpendiculairement la figure en deux parties égales, ne produit pas un bon effet. On peut comparer ici Prieur avec son maître Germain Pilon, et l'on voit qu'il n'avait pas atteint, quoiqu'il marchât sur ses traces avec du talent, son élégance et sa grâce, ni dans les poses, ni dans les formes; il ne traitait pas ses extrémités avec autant de finesse, quoique souvent Pilon, pour donner plus de pureté et de légèreté aux doigts des pieds et des mains, tombe un peu dans la maigreur et les détails d'anatomie, ce qu'évitaient les anciens.

93. LA JUSTICE. — *Statue de bronze*, par BARTHÉLEMI PRIEUR.

Haut. 1,250^m — 3 p. 10 po.

Cette statue, ainsi que celle que nous venons de voir, offre des réminiscences de plusieurs statues antiques, dont cependant Prieur s'est écarté en bien des points, sur-tout dans la manière dont la figure est posée; elle paraît porter à faux, et son mouvement n'est pas naturel, faute où tombe rarement l'antique, même celui que dans toutes ses parties l'on ne prendrait pas pour modèle.

94. TRITON ET NÉRÉIDE. — *Bas-relief en pierre*, par JEAN GOUJON.

Haut. 0,740^m — 2 p. 3 po. 4 l.; larg. 1,975^m — 6 p. 1 po.

Cette gracieuse composition, qui rappelle quelques parties du Triomphe de Galathée par Raphaël, offre un joli contraste entre le dessin vigoureux du triton et les contours simples et ondoyans de la néréide; et l'on retrouve dans l'amour qui est sur la droite, la grâce enfantine de ceux du Corrége.

FIN.

La Baigneuse

Une Nymphe a bâti
dans un [Adolphe ?] bain
pêche une chèvre. Elle
cherche à tâter l'eau avec
son pied avant de se baigner;
mais dès qu'elle prend instant dans
le bain elle croit entendre des
[...], [cependant] son [...]
[...] l'oblige à voile les
[...] pas
Juliette [...] à [...] Gautier
[...] dans [...]
l'institution de

1829.
Psyché abandonnée
Psyché perdie l'amour
en voulant le connaître.

Pajou, né à $\times \times \times$.
mort à Paris.

Diane
(en bronze)
par Houdon.

LISTE CHRONOLOGIQUE

DES ARTISTES CITÉS DANS CETTE NOTICE.

Les noms en lettres italiques sont ceux des artistes étrangers.

Le point d'interrogation indique que l'année de la naissance ou de la mort est incertaine.

	NÉ en	MORT en
JEAN JOCONDE, de *Vérone*, architecte, vivait encore en 1514....................	1435.	?
LÉONARD DE VINCI, né à Vinci, près de Florence, peintre, archit. sculpt............	1443.	1518.
PERRIN DE VINCI, sculpt., élève de Léonard.		
SAN GALLO (Giuliano DA), de Florence, archit.............................	1443.	1517.
BRAMANTE LAZZARI, d'Urbin, archit.......	1444.	1514.
ALBERT DURER, de Nuremberg, peintre, grav.	1471.	1513.
MICHEL-ANGE BUONARROTI, de Florence, archit. peintre, sculpt.................	1474.	1564.
RAPHAEL SANZIO, d'Urbin, peintre, archit..	1484.	1520.
PRIMATICE, de Bologne, peintre, abbé de Saint-Martin de Troyes.....................	1490.	1570.
JEAN JUSTE, de Tours, archit. du temps de Louis XII............................	?	?
DEMUGIANO, de Milan, sculpt., travaillait en 1508..............................	?	?
JEAN BULLANT, archit. sculpt.............	1500.	?
PIERRE LESCOT, d'Alissy, abbé de Clagny, archit.	1510.	1578.
JEAN GOUJON, sculpt.....................	?	1572.
PHILIBERT DE LORME, de Lyon, archit., né vers................................	1500.	?

LISTE CHRONOLOGIQUE DES ARTISTES CITÉS.

	NÉ en	MORT en
BRONZINO (*Agnolo* ou *Ange*), dit LE BRONZIN, peintre....................	?	1570.
BENVENUTO CELLINI, de Florence, sculpt. ciseleur, fondeur....................	1500.	1570.
BERNARD PALISSY, peintre en émail, potier, travaillait avec Jean Goujon.............	?	?
LÉONARD, de Limoges, peint. en émail et sur verre, de la même époque.............	?	?
PAUL-PONCE TREBATI, sculpt., travailla avec Jean Goujon.....................	?	?
PILON le père, sculpt.....................	?	?
LE PARMESAN (*François MAZZUOLI*, dit) peintre élève de Raphaël...............	1504.	1540.
VASARI (*George*), d'Arezzo, peintre, archit..	1512.	1574.
LE ROSSO ou MAÎTRE ROUX, peintre.......	?	1541.
JEAN DE BOLOGNE, né à Douai, sculpt.......	1524.	1608.
GERMAIN PILON, de Loué, près du Mans, sculpt...........................	?	1590.
BARTHÉLEMI PRIEUR, sculpt., élève de Germain Pilon............................	?	?
PONCE JACQUIO, sculpt., vers 1550.........	?	?
NICOLO ou MESSER NICOLO DEL ABBATE, vint en France en 1552; mort très-âgé.....	1512.	?
GENTIL, de Troyes, sculpt., florissait vers 1550...............................	?	?
DOMINIQUE ou DOMENICO, de Florence, élève de Primatice et de maître Roux, sculpt. à Troyes............................	?	?
DU CERCEAU (ANDROUET), archit., vivait encore en 1596...........................	?	?
FRANCAVILLA ou FRANCHEVILLE, sculpt., né à Cambrai...........................	1548.	?
BORDONI, élève de Francheville............	?	?

LISTE CHRONOLOGIQUE

	NÉ en	MORT en
JEAN COUSIN, de Soucy près Sens, peintre, sc.	?	1589.
JANNET, peintre du temps de François I.er et de Henri II..................................	?	?
FRÉMINET (Martin), de Paris, peintre......	1567.	1619.
SIMON GUILLAIN, sculpt., de Paris; acad. à la fondation de l'acad. royale de sculpt.......	1581.	1658.
POUSSIN (Nicolas), des Andelys, en Normandie, peintre..................................	1594.	1665.
PIETRO BERRETINI, dit *PIÈTRE DE CORTONE*, peintre, archit............................	1596.	1669.
JACQUES STELLA, de Lyon, peintre........	1596.	1647.
MANSARD (François), de Paris, archit......	1598.	1666.
JEAN-LAURENT BERNINI, dit *LE CAVALIER BERNIN*, de Naples, sculpt., archit.......	1598.	1680.
BORROMINI (François), du pays de Côme, archit...................................	1599.	1667.
L'ALGARDE, de Bologne, sculpt., archit.....	1602.	1654.
ANGUIER (François), d'Eu en Normandie, sculpt., élève de Guillain.................	1604.	1669.
GRIMALDI (Jean-François), de Bologne, dit *LE BOLOGNESE*............................	1606.	1680.
ANGUIER (Michel), sculpt., élève de Guillain, acad. en 1668.............................	1612.	1686.
LE NÔTRE, auteur des jardins de Versailles, des Tuileries, &c., était aussi peintre.........	1618.	1700.
LÉRAMBERT, de Paris, sculpt., acad. en 1663..	1617.	1670.
ROMANELLI, peintre, élève de Pièrre de Cortone...................................	1613.	1662.
LE BRUN (Charles), de Paris, peintre, acad..	1614.	1690.
PIERRE PUGET, de Marseille, peintre, archit., sculpt..................................	1622.	1694.
CHRISTOPHE VEYRIER, sculpt., élève de Puget.		
MARC CHABRY, sculpt., élève de Puget......	1660.	?

DES ARTISTES CITÉS.

	NÉ en	MORT en
BAPTISTE, sculpt., élève de Puget............		
FRANÇOIS GIRARDON, de Troyes, sculpt., acad. en 1647........................	1630.	1715.
DESJARDINS ou VAN DEN BOGAERT, de Bréda, sculpt., acad. en 1657.................	1640.	1694.
ANTOINE COYZEVOX, de Lyon, sculpt., acad. en 1676...........................	1640.	1720.
JEAN THIÉRY, sculpt., élève de Coyzevox.....		
JEAN COUDRAY, sculpt., élève de Coyzevox...		
MANSARD (Jules-Hardouin), de Paris, arch. acad.	1645.	1708.
VAN-CLEEVE (Corneille), Flamand, sculpt., élève de François Anguier, acad. en 1681..	1645.	1732.
COUSTOU (Nicolas), de Lyon, sculpt., élève de Coyzevox, acad. 1693..................	1658.	1733.
L'AMOUREUX, élève de Nicolas Coustou.		
LE PAUTRE (Pierre), de Paris, sculpt.......	1660.	1744.
RIGAUD (Hyacinthe), de Perpignan, peintre, ac.	1663.	1743.
PIERRE DREVET et son fils, grav.		
LE MOYNE (Jean-Louis), de Paris, sculpt. acad.	1665.	1755.
LE GROS (Pierre), de Paris, sculpt.........	1666.	1719.
LE LORRAIN (Robert), de Paris, sculpt., élève de Girardon, acad. en 1700.............	1666.	1743.
JEAN JOLY, de Troyes, sculpt. ⎫		
FRÉMIN, sculpt............ ⎪ élèves		
GRAVIER, sculpt........... ⎬ de Girardon.		
NOURRISSON, sculpt....... ⎪		
CHARPENTIER, sculpt....... ⎭		
COUSTOU (Guillaume le père) le jeune, sculpt, élève de Coyzevox, acad. en 1704.........	1678.	1740.
ROUSSEAU (Jacques), sculpt., élève de Nicolas Coustou.........................	1681.	1740.
SALY (Jacques-François-Joseph), sculpt., élève de Nicolas Coustou, acad. en 1751.........	1701.	?

76 LISTE CHRONOLOGIQUE DES ARTISTES CITÉS.

	NÉ en	MORT en
BOUCHARDON (Edme), peintre............	1698.	1702.
CLAUDE VASSÉ, sculpt., élève de Bouchardon..	?	1772.
FRANCIN (Claude), sculpt., élève de Guillaume Coustou.......................	1701.	1773.
LOUIS GUIARD, sculpt., élève de Bouchardon..		
LE MOYNE (Jean-Baptiste), de Paris, sculpt., élève de Le Lorrain, acad. en 1729........	1704.	1778.
ALLEGRAIN, sculpt.	1710.	1795.
PIGALE (Jean-Baptiste), sculpt., élève de Le Lorrain et de Le Moyne, acad. en 1744......	1714.	1785.
MOUCHY, sculpt., ac. ⎫		
MOETTE, sculpt...... ⎪		
DUPRÉ, sculpt....... ⎬ élèves de Pigale.		
LE BRUN, sculpt..... ⎪		
BOQUET, sculpt...... ⎭		
PAJOU, sculpt., acad.		
COUSTOU (Guillaume le fils), sculpt., élève de son père Guill. Coustou, acad. en 1742........	1716.	1777.
FRANCIN fils, sculpt.		
CANOVA, sculpt.....................	1559.	1823.
M. HOUDON, sculpt., de l'acad. des beaux-arts, vivant.		
M. FONTAINE, de l'acad. des beaux-arts, arch. du Roi, vivant.		
M. BELONI, mosaïquiste, vivant.		
CALLAMARD, sculpt.		
CALDERARI, sculpt.		
MILHOMME, sculpt.		

FIN DE LA LISTE CHRONOLOGIQUE.

LISTE ALPHABÉTIQUE

DES ARTISTES CITÉS DANS CETTE NOTICE.

	NÉ en	MORT en
ALGARDE (L'), archit. sculpt. p. 29........	?	1654.
ALLEGRAIN, sculpt. p. 2, 10	1710.	1795.
ALLEGRI (*Antoine*), ou LE CORRÉGE, peint. p. 71.	1473.	1513.
AMOUREUX (L'), sculpt. p. 29.		
ANGUIER (François), sculpt. p. 3, 5, 7, 11, 19, 36, 45, 46, 53, 55, 56, 63, 64...........	1604.	1669.
ANGUIER (Michel), sculpt. p. 19, 46, 69	1612.	1686.
BAPTISTE, sculpt. p. 61.		
BELLONI, mosaïq. vivant, p. 44.		
BERNIN (LE), sculpt. arch. p. 59.........	1598.	1680.
BERRETINI ou PIÈTRE DE CORTONE, peintre, archit. p. 58......................	1596.	1669.
BOLOGNESE (GRIMALDI ou LE), p. 46	1606.	1680.
BOQUET, sculpt. p. 68.		
BORDONI, sculpt. p. 33.		
BORROMINI, archit. p. 27	1599.	1667.
BOUCHARDON (Edme), peintre, p. 26, 67.....	1698.	1762.
BRAMANTE LAZARI, archit. p. 45..........	1444.	1514.
BRONZIN (LE), peintre, p. 15.............	?	1570.
BRUN (LE), peintre, p. 19, 20, 59..........	1618.	1690.
BRUN (LE), sculpt. p. 68.		
BULLANT (Jean), arch. sculpt. p. 51, 52, vers..	1500.	?
BUONARROTI (Michel-Ange), peintre, arch. sculpt. p. 4, 9, 10, 14, 29, 33, 38, 48, 58.	1474.	1564.
CALDERARI, sculpt. p. 31.		
CALLAMARD, sculpt. p. 22, 24.		
CANOVA, sculpt. p. 20, 61...............	1759.	1823.

LISTE ALPHABÉTIQUE

	NÉ en	MORT en
CELLINI (*Benvenuto*), sculpt. cis. fond. p. 42..	1500.	1570.
CERCEAU (ANDROUET DU), arch. p. 13, 32, 44, 52.	?	?
CHABRY (Marc), sculpt. p. 61.		
CHARPENTIER, sculpt., élève de Girardon, p. 20.		
CLÈVE (*VAN*), sculpt. p. 41, 47	1645.	1732.
CORRÉGE (*LE*). Voyez ALLEGRI.		
CORTONE (PIÈTRE DE). Voyez BERRETINI.		
COUDRAY (Jean), sculpt. p. 18.		
COUSIN (Jean), peintre, sculpt. p. 6, 7, 13, 16, 41, 50....................	?	1589.
COUSTOU (Nicolas), sculpt. p. 28, 29.	1658.	1733.
COUSTOU (Guillaume le père), p. sc. p. 27, 29....	1678.	1746.
COUSTOU (Guillaume le fils), sculpt. p. 30, 67.	1616.	1777.
COYZEVOX, sculpt. p. 17, 22, 25, 29, 30, 36, 39.	1640.	1720.
DAUJOU, sculpt. p. 41.		
DEMOGIANO, sculpt. vivait en 1508, p. 34.		
DESJARDINS ou VAN DEN BOGAERT, sculpt. p. 30, 34, 37, 41..................	1640.	1694.
DOMINIQUE DE FLORENCE, sculpt. vers 1560, p. 19.		
DREVET (Pierre), grav. p. 25.		
DUPRÉ, sculpt. p. 68.		
DURER (Albert), peintre et grav. p. 10.	1471.	1528.
FONTAINE, archit. p. 53, 68.		
FRANCAVILLA, sculpt. p. 4, 32, 37, 38, 43, 47.	1548.	?
FRANCIN (Claude), sculpt. p. 30, 65........	1701.	1773.
FRANCIN fils, sculpt. p. 64.		
FRÉMIN, sculpt., élève de Girardon, p. 20.		
FRÉMINET (Martin), peintre, p. 37.........	1567.	1619.
GENTIL, de Troyes, sculpt. vers 1550, p. 19.		
GIOCONDO (*FRÀ*), ou JOCONDE, archit. p. 44.	1435.	?
GIRARDON, sculpt. p. 18, 41..............	1630.	1715.
GOUJON (Jean), sculpt. arch. p. 6, 12 et suiv. 16, 24, 32, 42, 50, 52, 54, 63, 68, 69, 71.	?	1572.

DES ARTISTES CITÉS.

	NÉ en	MORT en
GRANIER, sculpt., élève de Girardon, p. 20.		
GRIMALDI. Voyez BOLOGNESE.		
GROS (Pierre LE), sculpt. p. 29............	1666.	1719.
GUIARD (Louis), sculpt. p. 27.		
GUILLAIN (Simon), sculpt. p. 36, 40.		
HOUDON, sculpt. vivant, p. 64.		
JANNET, peintre, p. 8.		
JACQUIO (Ponce), sculpt. vers 1550, p. 3, 40.	1524.	1608.
JEAN DE BOLOGNE, sculpt. p. 10, 33, 38, 48..		
JEAN JOCONDE. Voyez GIOCONDO.		
JEAN JUSTE, de Tours, arch. p. 34.		
JEAN JOLY, de Troyes, sculpt., élève de Girardon, p. 20.		
LÉONARD de Limoges, p. en émail. p. 8, 13, 42.	1666.	1743.
LÉRAMBERT, sculpt. p. 17.................	1510.	1578.
LESCOT (Pierre), arch. p. 15, 16, 42.......	1500.	1570.
LORME (Philibert DE), ar. p. 13, 14, 16, 39, 42.	1666.	1743.
LORRAIN (LE), sculpt. p. 26................		1541.
MAÎTRE ROUX ou *LE ROSSO*, peintre, p. 42...	1598.	1666.
MANSARD (François), archit. p. 25.........	1645.	1708.
MANSARD (Jules-Hardouin), archit. p. 25.....		
MAZZUOLI (François), dit LE PARMESAN, peintre, p. 37.....................	1504.	1540.
MICHEL-ANGE. Voyez BUONARROTI.		
MILHOMME, sculpt. p. 22.		
MOETTE, sculpt. p. 68.		
MOUCHY, sculpt. p. 68.	1655.	1755.
MOYNE (Jean-Louis LE), sculpt. p. 25, 26....	1704.	1778.
MOYNE (Jean-Baptiste LE), sculpt. p. 26, 27.		
NICOLO ou *MESSER NICOLO DEL ABBATE*, p. 18..........................	1512. 1613.	? 1700.
NÔTRE (LE), p. 25, 59....................		
NOURRISSON, sculpt., élève de Girardon, p. 20.		
PAJOU, sculpt. p. 15, 62.		

LISTE ALPHABÉTIQUE DES ARTISTES CITÉS.

	NÉ en	MORT en
PALISSY (Bernard), peintre en ém. p. 42, 52.		
PAUTRE (LE), sculpt..................	1660.	1744.
PIÈTRE DE CORTONE. V. BERRETINI, p. 58..		
PIGALE (Jean-Baptiste), sculpt. p. 67........	1714.	1785.
PILON le père, sculpt. vers 1500.		
PILON (Germain), sculpt. p. 13, 14, 16, 22, 42, 48, 49, 52, 68, 70...............	?	1590.
PONCE JACQUIO. Voyez JACQUIO.		
PONCE (PAUL-) TREBATI, sculpt. p. 3, 7, 14, 34, 35, 40, 42, 53.		
POUSSIN (Nicolas), peintre, p. 46..........	1594.	1665.
PRIEUR (Barthélemi), sculpt. p. 24, 31, 51, 52, 62, 70................................	?	?
PRIMATICE, peintre, arch. p. 13, 15, 16, 35, 39, 42, 50...........................	1490.	1570.
PUGET (Pierre), peintre, arch. sculpt. p. 56 et suiv.	1622.	1794.
RAPHAEL SANZIO, d'Urbin, peintre, archit. p. 21, 71........................	1484.	1520.
RIGAUD, peintre, p. 25.................	1663.	1743.
ROLAND, sculpt. p. 55..................		
ROSSO (LE). Voyez MAÎTRE ROUX.		
ROUSSEAU (Jacques), sculpt. p. 70.........	1681.	1740.
SALY, sculpt. p. 30 ;....................	1701.	1751.
SAN-GALLO (Giuliano DA), arch. p. 45.....	1443.	1517.
STELLA (Jacques), peintre, p. 46..........	1596.	1647.
TREBATI. Voyez PAUL-PONCE.		
VASARI (George), peint. arch. p. 15........	1512.	1574.
VASSÉ (Claude), sculpt. p. 28............	?	1772.
VEYRIER (Christophe), sculpt. p. 61.		
VIEN, peintre, p. 66.		
VINCI (LÉONARD DE), peintre, sculpt. arch. p. 18, 42........................	1443.	1518.
VINCI (PERRIN DE), p. 18.		

FIN DE LA LISTE ALPHABÉTIQUE.

www.ingramcontent.com/pod-product-compliance
Lightning Source LLC
Chambersburg PA
CBHW070313230526
45470CB00002B/861